Luciano Jaramillo Cárdenas

TENTACIONES

Nuestro lado oscuro

La misión de Editorial Vida es proporcionar los recursos necesarios para alcanzar a las personas para Jesucristo y ayudarlas a crecer en la fe

TENTACIONES
Publicado por Editorial Vida – 2006

Edición: *Athala G. Jaramillo y Edith Cabauy*

Diseño de cubierta: *Cathy Spee*

Diseño interior: *Cathy Spee*

ISBN: 0-8297-0932

Categoría: Iglesia y ministerio/ Ayudas pastorales / General.

Impreso en Colombia
Printed in Colombia

06 07 08 09 10 ❖ *7 6 5 4 3 2 1*

Luciano Jaramillo Cárdenas

TENTACIONES

CONTENIDO

DEDICATORIA

A mis queridos colegas y hermanos en el
ministerio: pastores, ministros y líderes,
que laboran en la viña del Señor.

A los que luchan con tesón, constancia y
perseverancia por mantener intacta
su integridad moral y espiritual.

A los que sienten que a veces fallan, pero
recobran el aliento, se levantan y siguen
adelante, sostenidos por la gracia.

A los que han caído y sienten el desánimo
de haberle fallado al Señor y buscan el
camino de la restauración.

A los que piensan que no hay salida
y todo está perdido; aunque no es así,
porque tenemos un Dios de infinita bondad,
que, como el padre del hijo pródigo,
no se cansa de esperarnos.

PREÁMBULO

Se supone que nadie puede hablar con mayor propiedad y acierto sobre un libro de ética cristiana y disciplina espiritual, como los pastores del rebaño. Por tener a su cargo el cuidado de las almas, poseen la autoridad, experiencia y conocimiento para orientarnos en todo lo que concierne a una vida cristiana sana y virtuosa, guiada por los principios y consejos evangélicos. Por algo han gastado su vida precisamente en el delicado ministerio de conducir a miles por los caminos del bien y la virtud.

Acudimos, pues, a un grupo de estos siervos, directores del pueblo de Dios, para que evaluaran el contenido de este libro, *Tentaciones* - Nuestro lado oscuro, y nos aconsejaran acerca de su validez, utilidad y uso. Todos son veteranos ministros de la Palabra y han sido por muchos años expertos conductores de iglesias y ministerios en diferentes partes del continente. Todos son bien conocidos en la comunidad evangélica, y entre sus muchos ministerios y ocupaciones, se desempeñan al presente como miembros del Consejo Pastoral de la Editorial Vida.

Sus apreciaciones son breves pero sustanciosas, y tienen el peso de la sabiduría que solo se adquiere con la experiencia de largos años de ministerio pastoral y una vida de fidelidad a toda prueba a Jesucristo y su evangelio. Estos títulos y razones son más que suficientes para recibir con confianza y respeto sus opiniones y conceptos sobre el contenido de esta obra y la utilidad de su lectura para todos. Que sus claras palabras y juicios certeros sirvan al lector de abrebocas que lo motive a internarse en la lectura de este libro; y que sus sabios conceptos estimulen a muchos no solo a leer, sino también a practicar las orientaciones y consejos que el contenido de esta obra quiere trasmitir.

Del reverendo Orville Swindoll:

Querido Luciano:

Acabo de leer el manuscrito de tu nuevo libro *Tentaciones – Nuestro lado oscuro*, y agradezco a Dios y a ti por un tratado tan completo sobre este tema tan importante y tan urgente. No dudo que ayudará a muchos a comprender la sutileza del pecado y especialmente de la tentación, que nos afecta a todos.

La exposición está bien fundamentada en las Escrituras con abundantes citas. Me parecen también interesantes las citas de otros escritores que mencionas con frecuencia en el libro. Su contenido pudiera ilustrarse con muchos casos contemporáneos reales —que causan preocupación y hasta escándalo al pueblo de Dios— y prueban en la práctica las tesis y principios que presentas. Vemos en estas anécdotas y situaciones una clara ilustración de tus argumentos tan bien razonados en tu libro.

Encontré la presentación muy clara y las palabras precisas, evidencia tanto de tu experiencia en el ministerio pastoral como de tu buen manejo del idioma. Nos has hecho un

buen servicio, hermano. Muchas gracias.
Con el respeto y el amor fraternal de siempre,

Reverendo Orville Swindoll
Destacado Pastor, Maestro y Misionero, Co-Fundador de la
Comunidad Cristiana de Argentina y Miami

Del reverendo Ramón Justamante

Tentaciones – Nuestro lado oscuro. He aquí un libro que todos los líderes en el ministerio de Jesucristo deben leer. Su autor, Luciano Jaramillo, expone de una manera clara y explícita aquellas áreas más vulnerables de nuestras vidas, así como los instrumentos y medios que Dios nos ha provisto para fortalecernos, resistir y evitar caer en las garras del «Príncipe de este mundo». Sin duda cada líder y toda persona que lea este libro encontrará material adecuado para identificar su situación espiritual y su calidad moral, y para buscar los caminos de la prevención de las caídas y, si fuere el caso, de la restauración de su vida a través de una más clara y conveniente relación con su Maestro.

Reverendo Ramón Justamante
Pastor de la Primera Iglesia Bautista de Hialeah - Miami

Del reverendo José Silva

De la distinguida pluma del amigo, hermano y consiervo doctor Luciano Jaramillo nos llega este libro: *Tentaciones* – Nuestro lado oscuro. Es esta una obra útil e indispensable para los siervos de Dios, que no estamos exentos de ser tenta-

11

dos como los otros seres humanos. Sabemos que es cierto lo que Pedro nos advierte: que el diablo anda como león rugiente buscando a quien se descuida para hacerlo caer y así no sólo desprestigiarlo personalmente, sino a la iglesia de Dios (véase 1 Pedro 5:8).

Muy a tiempo nos llega este libro como vacuna preventiva y medicina curativa para el ministerio y vida de muchos consiervos en la iglesia, que necesitan ser sostenidos, mantenidos y en muchos casos restablecidos. Las palabras del apóstol Pablo nos recuerdan siempre que si alguien piensa que está firme, tenga cuidado de no caer (1 Corintios 10:12); y otra atinada advertencia bíblica que el doctor Jaramillo nos recalca: «Ten cuidado de ti mismo y de tu doctrina».

Gracias, doctor Jaramillo, por este gran aporte literario, teológico y moral saturado de la Palabra de Dios. Estamos seguros que será de gran ayuda espiritual para todos, ya sean pastores, líderes o simples personas comunes y corrientes que desean enfrentar al Maligno y las tentaciones, mediante el poder de Cristo y su verdad.

Reverendo José Silva
Pastor y Conferencista Internacional. Ministerio a la Tercera Edad y Mentoría Pastoral

---

Del reverendo Ricardo Loguzzo

Una vez más Luciano Jaramillo nos sorprende para bien al entregarnos otra preciosa joya literaria. No es una obra cualquiera, escrita al azar y para matar el tiempo. Es un libro que contiene «la receta de Dios» para un problema muy común entre los líderes y pastores: la tentación. La mayoría de ellos no tienen con quién hablar de este tema.

Leer el contenido de cada capítulo es como leer la carta de un amigo que nos está compartiendo su sentir. Alguien que ha adelantado el camino para guiarnos pero sobre todo sin dejar de aferrarse a lo que Dios dice en su Palabra.

Hay un diagnóstico muy preciso con el cual nos sentimos identificados pero también una medicina apropiada. Se nota la seriedad y el profesionalismo con los cuales Luciano Jaramillo ha abordado este tema, considerando las distintas facetas del mismo.

Confiamos que muchos al leerlo serán bendecidos, exhortados, animados y hasta detenidos a tiempo y que en la intimidad darán gracias al Señor por inquietar a su siervo para escribir este precioso libro.

Reverendo Ricardo Loguzzo
Pastor y Director de Eventos Masivos de la Asociación Evangelística Luis Palau

---

Del reverendo Darío Silva-Silva

La iglesia de hoy se asemeja a Laodicea. Ya nadie pregunta quiénes somos sino cuántos somos; no qué creemos, sino cuánto tenemos. Ha llegado a ser más importante la cantidad que la calidad. Cierto cristianismo *light* – tibio – ha llevado a muchos líderes a perder la integridad, es decir, la identidad. Dicho claramente: para el siervo de Dios, la integridad es su identidad. La misma letra efe con que se escribe falla, falencia, farra y fornicación, es inicial de tres tentaciones del predicador: faldas, fama y fortuna. Ejercer el liderazgo cristiano en el mundo de hoy es caminar constantemente por un campo minado. Entre muchísimas piedras de tropiezo que salen al paso, hay tres «ismos» que rondan por doquier: «nicolaismo», «populismo» y «dinerismo».

Por eso, *Tentaciones* – Nuestro lado oscuro, el nuevo libro de Luciano Jaramillo – un pastor y líder erudito y austero – es la escritura exacta para la gente exacta en el momento exacto.

Una sincronía providencial que nos recuerda a todos la advertencia paulina: «Por tanto, si alguien piensa que está firme, tenga cuidado de no caer» (1 Co 10:12).

Dios restaura al caído, ciertamente; pero es preferible una oportuna admonición que una ulterior restauración.

Pastor Darío Silva-Silva
Presidente del Concilio Global de Casa sobre la Roca Iglesia Cristiana Integral

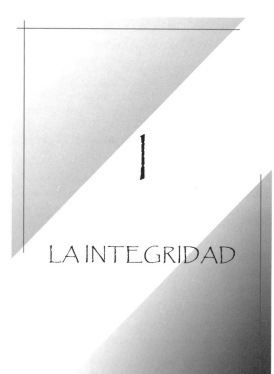

1

LA INTEGRIDAD

LA INTEGRIDAD

I INTEGRIDAD, PLANTA EXÓTICA PERO NECESARIA

Definición. La integridad se define como: «El estado del ser completamente unificado»[1]. Moralmente soy íntegro cuando mis palabras, pensamientos y actos concuerdan perfectamente. Soy quien soy no importa dónde esté o con quién esté.

Otras definiciones. Carácter de lo que está intacto, sin disminución ni alteración; carácter del que es de una probidad escrupulosa; cualidad de quien es íntegro, es decir, de una probidad incorruptible.[2]

Integridad, el ingrediente más importante del liderato. La integridad está en crisis en todos los niveles de la sociedad: el político, el económico, el social y cultural, y lo más triste de todo, el religioso, que se supone debe propugnar y defender los valores espirituales y morales. Ser un hombre o una mujer íntegra se hace cada vez más raro; y esta virtud se ha convertido en una especie de planta exótica en nuestro

---

1 Maxwell, John, *The most important ingredient of leadership: Integrity* p.35

2 Foulquie, Paul, *Diccionario del lenguaje filosófico.* Editorial Labor S.A. Barcelona, 1967, p.35.

medio y mundo post-modernos. Sin embargo, se sigue requiriendo al menos teóricamente como cualidad indispensable para ejercer cualquier puesto de responsabilidad.

La integridad tiene mil enemigos. Uno de ellos es la búsqueda del éxito o las ganancias a toda costa por la vía más rápida y sin importar los medios. La hipocresía es otro enemigo de la integridad, porque es como el manto del disimulo y la apariencia que cubre la deshonestidad y hace aparecer como «bueno» y «justo», lo que en realidad es «malo» o «injusto». La hipocresía encubre la realidad deformada de una personalidad doble. La apariencia, duplicidad y doblez se oponen directamente a la integridad definida como «el estado del ser completamente uno y unificado», porque desdobla la personalidad en dos repliegues: lo que aparentamos ser y lo que en realidad somos.

Integridad y verdad. Lo grave de la falta de integridad es que se roza con la mentira y la falsedad. Si fuéramos honestos hasta el heroísmo, tendríamos que reconocer, por ejemplo, que muchos de los deseos, planes o pensamientos que pasan por nuestra mente, si los realizáramos de alguna manera, merecerían severos castigos al punto que cuando se nos pregunta si nunca hemos sido arrestados, deberíamos responder que no, porque nunca nos han sorprendido o agarrado en nuestras maquinaciones. En realidad, ser honesto a toda costa y en cualquier circunstancia es grandioso, pero riesgoso. Ser honesto e íntegro implica vivir auténticamente, a la luz de la verdad, sin tapujos o disimulos.

> *«Pues todo el que hace lo malo – dice Jesús aborrece la luz, y no se acerca a ella por temor a que sus obras queden al descubierto. En cambio, el que practica la verdad se acerca a la luz, para que se vea claramente que ha hecho sus obras en obediencia a Dios».* (Juan 3:20-21.)

Un mundo de mentiras falto de integridad. La deshonestidad y la mentira han cubierto de arriba a abajo nuestro mundo y nuestra sociedad. Desde las altas instancias del poder hasta los empleados oficiosos de las instituciones públicas y privadas, pasando por los que dicen representar al pueblo y cuidar de su seguridad y bienestar, como los jueces, los miembros del congreso, los simples agentes de policía o miembros de la burocracia, se han contaminado. No son íntegros. La corrupción en todas sus formas ha penetrado los deportes, las universidades, los colegios, la banca y el comercio y hasta las iglesias. Con el agravante de que, como reza el antiguo adagio romano, *Corruptio meliorum, pésima* (de la corrupción de lo mejor, sale lo peor).[3]

Un mundo de tentaciones. El pecado y el vicio visten sus mejores galas para tentarnos. Y entre más alto estemos en las instancias de la dirección y poder de nuestras instituciones, como por ejemplo, la iglesia, más sutilmente se nos insinúan y presentan. Nunca antes como hoy suena tan real y verídica la petición que Jesús nos enseñó a recitar en el Padrenuestro: *No nos dejes caer en la tentación* (Mateo 6:13). Las tentaciones, aunque no son en sí pecado, sí son atentados que nos tiende el maligno contra nuestra integridad. Y la lucha del hombre y la mujer que quieren conservar su integridad es por vencerlas, no caer en ellas. Por eso la anterior petición del Padrenuestro se complementa con la siguiente, con la que cierra Cristo su oración dominical: *No nos dejes caer en la tentación ... sino líbranos del maligno* (Mateo 6:13).

POR QUÉ ES TAN IMPORTANTE MANTENER LA INTEGRIDAD

Por muchas razones; pero para los líderes y directivos, por una muy importante de la cual depende su liderato: la *credi-*

---

3 Kleiser, Lyuid Martínez, *Refranero General Ideológico Español*. Ed Hernando, Madrid, 1993 p. 151.

bilidad. Si hay falta de integridad, hay falta de credibilidad. La gente en general, y quienes están bajo nuestra autoridad o dirección en particular, no van a creernos ni mucho menos a seguir atendiendo a nuestros consejos, órdenes y orientaciones, si dudan de nuestra integridad. Con todo y lo corrompido que está el mundo, o quizás por eso mismo, la gente anda en la búsqueda de líderes y dirigentes íntegros en quienes creer y confiar: dirigentes honestos sin lealtades divididas (duplicidad); o intenciones mentidas o fingidas (hipocresía); líderes y directivos de conducta clara, cristalina, que no tienen nada que esconder ni temer (diafanidad); que viven su vida abierta ante todos como un libro.

La integridad y los valores. La integridad tiene que ver con los valores. Toda persona íntegra tiene un sistema de valores a través de los cuales juzga, programa y dirige su vida y conducta. Este sistema de valores llega a ser parte integral de nuestra persona hasta el punto que nos representan y distinguen. Somos en realidad, en buena parte, lo que nuestros valores representan. No podemos separarlos de nuestro ser, de nuestra identidad, de nosotros mismos como personas. La integridad y los valores sobre los que ella se sustenta hablan más de lo que en realidad somos que lo que pudieran hablar nuestras acciones. Los valores, como hemos dicho, forman parte de nuestro ser; lo que somos es lo que determina lo que hacemos. Por eso «ser cristiano» es ser un nuevo ser: *una nueva creación, una nueva criatura* fundamentada en nuevos valores.

> *...si alguno está en Cristo, es una nueva creación.*
> *¡Lo viejo ha pasado, ha llegado ya lo nuevo!*
> (2 Corintios 5:17)

Función de los valores. El sistema de valores se convierte en nuestra brújula o carta de navegación en la vida. Es el que establece nuestras prioridades, aquello por lo que vivimos, lo que aceptamos o rechazamos. El sistema de valores marca la diferencia entre lo que *queremos* hacer y lo que *debemos* hacer. Y la integridad, afianzada en nuestros valores, dirige nuestros criterios para elegir caminos en la vida, señalar prioridades, escoger amistades; y establece las bases para resolver los problemas y tensiones que salen a nuestro paso.

Valores, integridad y conflictos. Los conflictos traen inquietud, zozobra, y a veces nos desequilibran y desesperan. Se convierten en elementos divisivos en nuestra vida que nos desestabilizan interiormente. Son no solo desestabilizadores sino desintegradores, porque nos dividen por dentro creando contradicción en lo que pensamos y hacemos, entre nuestra mente y corazón. La integridad, por el contrario, es una fuerza unificadora que promueve y facilita unidad de pensamiento, propósito y acción. Solamente las personas íntegras gozan del privilegio de sentirse en paz, de disfrutar de la vida sin los sobresaltos de una conciencia que los acuse de estar obrando mal, o contradiciendo sus convicciones. Por eso en buena parte la integridad es la clave de la paz y la felicidad como fruto de un espíritu integrado y no dividido o en contradicción consigo mismo. El gran filósofo griego Sócrates decía:

> *La primera clave de la grandeza es ser en realidad lo que aparentamos ser. Y lo que juzgues por torpe o deshonesto de hacer ni siquiera vale la pena pensarlo, y no creas que puede decirse con honestidad.*[4]

Tratamos muchas veces de hacer muchas cosas, ser *hacedores humanos de cosas* antes de *ser simplemente humanos*.

---

4 Sócrates, *Exhortación a Demónico*, citado por Samuel Vila en *Enciclopedia de citas morales y religiosas*, Clie, Barcelona, 1976, p 218.

II Integridad y liderato

Líderes auténticos y consistentes. Es imposible ser un buen líder si no somos auténticos; y esto solo se consigue a través de la integridad. La gente cree, sigue y respeta al líder íntegro y consistente que practica y cumple lo que dice y afirma.

Si digo a mis empleados y subalternos: «Deben estar a tiempo en su trabajo», y yo mismo estoy a tiempo, los empleados estarán o tratarán de estar a tiempo. Si por el contrario, digo que deben estar a tiempo, pero yo no estoy a tiempo, de seguro algunos no van a estar a tiempo. Si exijo de mis subalternos una actitud positiva, pero yo mismo no la tengo, no debo esperar mucho éxito en que ellos la tendrán. Es así como se hacen y educan los seguidores o discípulos. Al menos fue este el método que utilizó Jesús, quien llegó a pedir a sus discípulos: *Les he puesto el ejemplo, para que hagan lo mismo que yo he hecho con ustedes* (Juan 13:15). Los discípulos y seguidores se fijan en su líder o pastor si es consistente en lo que hace y dice, en lo que predica y practica. Para ellos vale más lo que ven que lo que oyen. Cuanta más consistencia vean en las palabras y los hechos, las enseñanzas y la vida de su pastor o líder, más grande será su lealtad y aprecio. Lo que oyen, lo entienden; lo que ven, lo creen. Lo que la gente necesita no es un lema para repetir, sino un modelo para seguir: hombres y mujeres que se olvidan de sí mismos para entregarse al servicio de los demás de corazón, sin cuentos o palabrería. Estamos hartos de quienes se desgañitan gritando a la gente el camino que deben seguir, mientras ellos se quedan cómodamente apoltronados en sus posiciones de seguridad y confort. *Estamos hastiados de predicadores que nos dicen lo que debemos hacer, mientras ellos no viven lo que predican;*

cargan pesados cestos sobre los hombros de los demás, sin echarles ellos mismos una mano.[5]

Credibilidad, influencia e integridad. Cuanto más creíble es usted, más confianza le tiene la gente y más influencia ejerce sobre sus vidas. Cuanto menos creíble es usted, menos confianza le tienen y más rápidamente pierde su puesto, posición y su liderato. Todos podemos ver que estamos tratando aquí no de simples especulaciones o conceptos, sino de realidades concretas, cualidades indispensables para ejercer nuestra profesión y oficio; y en el caso de los ministros, pastores o líderes religiosos, nuestro ministerio. El liderato es la clave de un pastorado o ministerio exitoso. Todo descansa en las cualidades y habilidades de un buen líder, como lo fue Jesucristo. Pero el secreto de levantar o perder un liderato es la integridad.

El liderato funciona a base de confianza. Para ser líderes hay que tener seguidores. Y para tener seguidores (discípulos), hay que inspirar confianza. Y para inspirar confianza hay que ser íntegros. La autoridad no se gana con medidas o poses de poder exterior. Cuando más, conseguiremos que nos atiendan y obedezcan por miedo o interés. Es mejor ganarse el respeto y la obediencia por el convencimiento interior que nuestros subalternos se crean de nuestra suficiencia e integridad moral. El papa Juan XXIII lo expuso de esta manera: «No hay que buscar la razón en la autoridad, sino la autoridad en la razón». Para ello el jefe o líder debe ser creíble y confiable. Y debe ejercer su liderato de buena fe, no dejando que sus decisiones manifiesten propósitos desviados y caprichosos, o lo que sería peor, inconvenientes o inmorales.

---

5 Urteaga, Jesús, *Cartas a los hombres*. Ed de Revistas S.A. México, 1984. p.35

Muchos buscan la autoridad equivocadamente en estructuras, organigramas y estatutos. Las instituciones a veces multiplican sus estructuras y leyes para buscar que las cosas funcionen. Pero el hecho concreto es que estructuras, organigramas y leyes nunca hacen funcionar por sí mismas una institución si no cuentan con un líder o unos líderes con autoridad. Las estructuras y leyes no confieren autoridad a quienes no la merecen ni representan correctamente; y solo son efectivas cuando los asociados le reconocen esa autoridad a quienes la ejercen, porque han probado que se la merecen. En otras palabras, la autoridad efectiva viene de adentro del que la ejerce, no de afuera. Tiene que ver más con la persona que la ejerce que con las leyes o estructuras que la sustentan exteriormente. La autoridad que se ejerce efectivamente es la que los subalternos reconocen, convencidos de que quien la ejerce es una persona correcta, confiable e íntegra. Por eso es frecuente el caso de jefes o líderes carentes de autoridad por carencia de integridad. Cavett Roberts decía: «Si mi gente me entiende, consigo su atención; pero si mi gente confía en mí, consigo su adhesión y acción».

Imagen o integridad. Prevalece una tendencia a trabajar en la creación de una buena imagen más que en cultivar una personalidad íntegra, que sea precisamente la base de esa buena imagen. De nada nos vale tratar de impresionar con nuestra apariencia, descuidando el cultivo interior de las virtudes que respaldan una conducta correcta y honesta.

Vivirla primero antes que inculcarla en otros. Es más fácil predicar la integridad que practicarla nosotros mismos; motivar a otros a ser íntegros, que trabajar en nuestra propia integridad. Como alguna vez me comentaba la esposa de un elocuente pastor, después de escuchar mis elogios sobre el gran sermón que había predicado su esposo acerca de la familia cristiana: «¡Ojalá practicara en su hogar al menos un cincuenta por ciento de lo que predica...!»

Líderes carismáticos y líderes íntegros. Están de moda los líderes carismáticos que arrastran multitudes con su carisma, elocuencia y simpatía hasta que se descubren sus defectos y falencias y se comprueba que muchas de sus virtudes son aparentes y que su brillo sólo sirve para cubrir sus fallas y defectos. Por eso se dice que el líder carismático arrastra gentes, masas; pero sólo los líderes íntegros las conservan a su lado haciéndolos sus discípulos.

La integridad no es un don. La integridad se consigue luchando, no es un don gratuito que se nos da sin esfuerzo. Es necesaria mucha fortaleza, persistencia y perseverancia para conseguirla, defenderla y cultivarla. Usted será tan íntegro como se lo proponga; y para conseguirlo debe prepararse para la lucha contra la tentación a la mediocridad o a la flojera espiritual y moral, que es la que marca el camino de la derrota.

III JESUCRISTO, MODELO SUPREMO DE INTEGRIDAD

Imposible sin Cristo. *Separados de mí no pueden ustedes hacer nada,* afirma Jesús (Juan 15:5). La vida cristiana es el resultado de una doble cooperación: la de Dios, quien por su gracia nos configura con la imagen de su Hijo; y la nuestra, que nos esforzamos por reproducir esa imagen cada día en nuestra vida. Esta segunda parte es la que Pablo nos recuerda permanentemente, y constituye lo que llamamos la *imitación de Cristo*. El cristiano debe trabajar por hacer propias las disposiciones interiores de Jesús, según lo recomienda Pablo: *La actitud de ustedes debe ser como la de Cristo Jesús* (Filipenses 2:5). Las acciones exteriores no son más que manifestaciones de las disposiciones y actitudes interiores. Si pensamos como Jesús, también obraremos como Jesús. Es, pues, indispensable que conformemos nuestros pensamientos, sentimientos y deseos a los de Cristo. Esto vale para toda la gama de virtudes y cualidades que constituyen una robusta vida cristiana. Pablo da un buen ejemplo en lo que concierne a la humildad, generosidad y sacrificio. Cristo en efecto,

> ...*siendo por naturaleza Dios, no consideró el ser igual a Dios como algo a qué aferrarse. Por el contrario, se rebajó voluntariamente, tomando la naturaleza de siervo y haciéndose semejante a los seres humanos. Y al manifestarse como hombre, se humilló a sí mismo y se hizo obediente hasta la muerte, ¡y muerte de cruz!* (Filipenses 2: 6-8)

El creyente estudiará a Cristo en las diversas circunstancias de su vida, a fin de descubrir las disposiciones que lo animaban, para apropiárselas. Sus pensamientos y sus acciones se conformarán entonces con los de Cristo. (Colosenses 3:4; Efesios 3:17).[6]

Dar la medida de Cristo. Ser íntegros es trabajar permanentemente para dar la medida de Cristo. Es dejar obrar la gracia de Dios en nosotros de modo que la misma, con nuestra cooperación, vaya construyendo en nosotros una personalidad auténtica de cristianos «hijos de Dios» y discípulos de Cristo. El esfuerzo por vivir en integridad no debe cesar ni un instante. Todo se encamina, según Pablo, a *revestirnos de Cristo o a formar a Cristo en nosotros* (Gálatas 4:19). Esta formación de Cristo en nosotros es progresiva; pero debemos pasar de ser como niños a ser *una humanidad perfecta que se conforme a la plena estatura de Cristo* (Efesios 4:13).

---

6 Más sobre este tema en *Los grandes maestros de la vida espiritual*, por Antonio Royo Marín, Biblioteca de Autores Cristianos, Madrid, 1973, pp. 29-35.

II

LA TENTACIÓN

LA TENTACIÓN

I SU NATURALEZA Y ORIGEN

El enemigo y sus argucias. La tentación es el medio ordinario a través del cual el demonio ejerce su función diabólica sobre las almas. Las otras dos formas de actuar del maligno son la *posesión y la obsesión.*
En este escrito vamos a hablar de la *tentación,* considerada como el permanente atentado del enemigo de nuestras almas contra nuestra integridad como «hijos de Dios» y seguidores de Jesucristo. Según Tomás de Aquino, el oficio propio del demonio es tentar.[1] Sin embargo, como afirma el mismo gran teólogo, muchas tentaciones proceden de nuestras propias concupiscencias.[2] Santiago afirma, en efecto, que: *cada uno es tentado cuando sus propios malos deseos lo arrastran y seducen* (Santiago 1:14). Pero aun en estos casos, el demonio se aprovecha de nuestras debilidades y pasiones. De aquí que Pablo nos aconseje:

> *...fortalézcanse con el gran poder del Señor. Pónganse toda la armadura de Dios para que puedan*

---

1 Aquino, Tomás. *Suma Teológica*, I, 114, 2.
2 Ibid., 3

hacer frente a las artimañas del diablo. Porque nuestra lucha no es contra seres humanos, sino contra poderes, contra autoridades, contra potestades que dominan este mundo de tinieblas, contra fuerzas espirituales malignas en las regiones celestiales (Efesios 6: 10-12).

Pedro compara al demonio con un león salvaje que anda dando vueltas a nuestro derredor, procurando ver cómo nos devora (1 Pedro 5:8).

Dios y las tentaciones. Dios no tienta a nadie. *Que nadie, al ser tentado, diga: «Es Dios quien me tienta.» Porque Dios no puede ser tentado por el mal, ni tampoco tienta él a nadie* (Santiago 1:13). Pero Dios permite que seamos tentados por los enemigos espirituales; y que de este modo nos ejercitemos en la fidelidad a su ley y voluntad, y estemos alertas y advertidos, para no caer, aunque pensemos que estamos firmes. Por otra parte, Dios jamás permitirá que seamos tentados por encima de nuestras fuerzas. *Más bien, cuando llegue la tentación, él nos dará también una salida a fin de que puedan resistir* (1Corintios 10:12-13).

Todos somos tentados. Tener tentaciones no es, pues, pecado, sino caer en ellas. Por eso pedimos a Dios que *no nos deje caer en la tentación* (Mateo 6:13), y no que no tengamos tentaciones. Por el contrario, superar la prueba de la tentación venciéndola, merece elogio y reconocimiento, según el apóstol Santiago: *Dichoso el que resiste la tentación porque, al salir aprobado, recibirá la corona de la vida que Dios ha prometido a quienes lo aman* (Santiago 1:12).

Jesús fue tentado. La carta a los Hebreos dice que Jesús fue semejante a nosotros en todo menos en el pecado. (Hebreos 4:15); por consiguiente, se vio sometido también a tentación. Fue una de la formas como Jesús se identificó con nosotros, seres humanos; como pudo comprender lo que significa ser «humano» sujeto a toda clase de fragilidades y pruebas, incluyendo la inquietante debilidad de la tentación.

Porque no tenemos un sumo sacerdote incapaz de compadecerse de nuestras debilidades, sino uno que ha sido tentado en todo de la misma manera que nosotros, aunque sin pecado

Hebreos 4:15

Jesús nos enseña a vencer las tentaciones. Como dice Von Baltasar: «Jesús sabe por experiencia lo atractivo que puede ser el otro camino, el que no es el camino de Dios»[3] Se arriesgó a caminar sobre el abismo del pecado posible, por el filo de la tentación, sostenido sólo por el hilo de la Palabra de Dios. Y nos enseñó a rechazar al enemigo de nuestras almas con sólo una frase llena de convicción y resolución: *Está escrito...* Mostró cómo la Palabra de Dios es más poderosa que la de cualquier otra criatura, incluyendo la más astuta e inteligente de todas, Satanás. Con una cita de las Escrituras desbarata la triple emboscada que Satanás le tiende. Y no solo fueron las tres tentaciones que Mateo y Lucas nos presentan en sus Evangelios (Mateo 4:1-11 y Lucas 4:1-13). A través de su vida, según la describen los cuatro evangelistas, Jesús siente el impacto de toda clase de tentaciones. Desde la que provoca la necesidad humana de alimento, vivienda, sobrevivencia, aceptación social, popularidad, dinero, éxito y poder, hasta la que nace de necesidades sentidas de esperanza, amor y seguridad; y muchas otras cosas que a todos nos tientan, como parte de nuestra naturaleza humana pobre, desprotegida y ambiciosa. La verdad es que Jesús experimentó todas las pruebas y tentaciones que cualquier ser humano

---

3 Von Balthasar, Hans Urs. *¿Nos conoce Jesús? ¿Lo conocemos?* Editorial Herder, Barcelona, 1982. p.33.

experimenta; y en algunos casos llegó hasta el límite, cuando parecía que su naturaleza humana no daba para más, como fue el caso de Getsemaní, cuando pidió al Padre que, si fuera posible, le evitara el pasar por el trago amargo de su pasión (Mateo 26:36-42). Pero nunca cedió a la tentación y siempre salió triunfante de la misma usando la Palabra o la oración, y reconociendo que la voluntad soberana del Padre debía imponerse: «*Pero no sea lo que yo quiero, sino lo que quieres tú ... ¡hágase tu voluntad*» (Mateo 26:39 y 42).

Ayuda en la tentación. Jesús no sucumbe a la tentación, pero ha vivido la experiencia riesgosa de ser tentado; uno o dos pasos más podrían precipitarlo en manos del enemigo. Sale fortalecido y habilitado para ayudarnos. Porque, como dice la carta a los Hebreos, *por haber sufrido él mismo la tentación, puede socorrer a los que son tentados* (Hebreos 2:18). Y no sólo puede ayudarnos a luchar y vencer, sino que extiende su capacidad de comprensión e indulgencia con el hombre pecador. De esta manera puede cumplir su oficio de sumo sacerdote, representante de la raza humana pecadora y doliente:

> *Todo sumo sacerdote es escogido de entre los hombres. Él mismo es nombrado para representar a su pueblo ante Dios, y ofrecer dones y sacrificios por los pecados. Puede tratar con paciencia a los ignorantes y extraviados, ya que él mismo está sujeto a las debilidades humanas* (Hebreos 5:1-2).

Era preciso que el Redentor del mundo pasara por todo esto para adquirir, como médico, el necesario conocimiento de la situación humana a la que debía poner remedio. La vivencia experimental de la tentación era necesaria. Cristo debía vivir desde dentro lo que significa ser tentado y estar expuesto a las fuerzas del mal. En el monte de los Olivos, y en diferentes pasajes de su vida mortal *ofreció oraciones y súplicas con fuerte clamor y lágrimas al que podía salvarlo...y fue escuchado por su reverente sumisión* (Hebreos 5:7-8). Pero esta experiencia de conocimiento desde fuera de la debilidad humana no le prestaba a Jesús toda la proyección del pecado y la tentación como para dar la mejor ayuda a los mortales pecadores. Era necesaria la experiencia encarnada y descarnada de ser tentado en su propia carne, de medir sus fuerzas con las fuerzas del maligno, su poder con su poder - contra el poder del mal, como ocurrió, por ejemplo, en las tentaciones del desierto (Mateo 4 y Lucas 4).

No estamos solos. Al igual que Cristo, frente a las tentaciones no estamos solos. Las tres tentaciones mesiánicas que Cristo experimentó al principio de su ministerio tipifican lo que podríamos llamar «tentaciones de debilidad». Se dieron después de un ayuno prolongado de cuarenta días, en el abandono y la soledad del desierto. Todo tipifica al hombre solitario y desprotegido. El texto de Mateo, con una pincelada magistral que representa al Jesús-hombre débil y debilitado, como todos los hombres, dice que después de este ayuno de cuarenta días «Jesús tuvo hambre»(Mateo 4:2). La fortaleza va a venir no de nuestras fuerzas naturales sino de Dios a través de su Palabra; porque, la gracia de Dios se manifiesta cuando más la necesitamos, según la respuesta que el mismo Jesús dio a Pablo, que se quejaba de *la espina o aguijón clavados en su cuerpo* y del acoso de *un mensajero de Satanás*: *«Te basta con mi gracia, pues mi poder se perfecciona en la debilidad»* (2 Corintios 12:8-9). La conclusión de Pablo vale para todos nosotros: *Cuando soy débil, entonces soy fuerte* (2 Corintios 12:8).

Hans Urs Von Baltasar, reconocido como uno de los más grandes teólogos de nuestro tiempo, afirmaba:

Dios no se enfrenta sólo a lo antidivino desde fuera o desde arriba, sino que se da la situación inaudita de que se expone a su fascinación para pinchar desde dentro el deslumbrante globo de colores. O por mejor decir, utilizando el símbolo de Jonás, para matar desde dentro el monstruo devorador.[4]

Pero, ¡cuidado! No exponernos. La conducta de Cristo, que voluntariamente se expone a la tentación para comprendernos y ayudarnos, no nos autoriza para entrar en juegos con la tentación. Por el contrario, lo que pedimos en el Padrenuestro es la protección y ayuda divinas para no «meternos en la tentación» y «librarnos del maligno». Y la mejor estrategia, según lo aconsejan los autores espirituales, es huir de la tentación.

II Cómo actúa el enemigo

Cómo trabaja el Tentador. La estrategia del tentador queda a la vista en el primer relato de tentación que nos da la Biblia en el capítulo 3 de Génesis. Aparece allí claramente la forma de actuar de Satanás. Veamos esta estrategia paso a paso, porque es la que el tentador repite para tentarnos en cualquier circunstancia.

Primer paso: se acerca el tentador. Este es astuto e inteligente y busca la ocasión más propicia para tentarnos. Por eso en el relato del paraíso el tentador está representado por *la serpiente,* que es *la más astuta de todos los animales* (Génesis 3:1). Debemos estar alertas, porque el enemigo no

---

4 Von Balthasar, Hans Urs, Op. cit. p.37.

duerme y busca la oportunidad para tentarnos. Muchas veces ni siquiera eso tiene que hacer, porque nos metemos nosotros mismos en la tentación. No debes dar oportunidad al pecado, ni dar ocasión al tentador. Como bien dice el dicho popular: «El que ama el peligro, en él perece».

Segundo paso: insinuación inicial. *«¿Es verdad que Dios les dijo que no comieran de ningún árbol del jardín?»* (Génesis 3:1). El demonio lleva la situación o la conversación al terreno que le conviene. Busca el lado flaco de la víctima. Es aquí donde funciona la teoría de las «pasiones dominantes» que afirma que todos tenemos una pasión dominante, un lado débil fácil de atacar. El demonio sabe cuál es. Para algunos es la sensualidad, la gula, el licor, la mentira, el chisme; para otras el orgullo o la vanidad, la pereza, los celos, la avaricia. El tentador presenta insinuaciones de palabra o imágenes, según convenga a sus planes. En el caso de Adán y Eva les crea la duda y provoca su ambición.

Tercer paso: nuestra respuesta. Este paso es clave. Con la ayuda de Dios y su Palabra podemos descubrir desde el principio al engañador y desnudar sus argucias, negándonos a seguir el trato con él. Así la tentación queda cancelada y el tentador derrotado. La falla de nuestros primeros padres fue que le siguieron prestando atención al demonio. Si se hubieran negado a seguir la conversación, nada hubiera pasado, y todos estaríamos todavía gozando de las delicias del paraíso terrenal. Aceptar el diálogo con el tentador es ponernos en gravísimo peligro de caer. No debemos coquetear con la tentación ni el tentador. En el caso del primer pecado, la mujer cometió la imprudencia de dar razones y seguir la conversación con el demonio:

—*Podemos comer del fruto de todos los árboles* —*respondió la mujer* —. *Pero, en cuanto al fruto del árbol que está en medio del jardín, Dios nos ha dicho: «No coman de ese árbol, ni lo toquen; de lo contrario, morirán* (Génesis 3:2).

Nuestra conciencia y el conocimiento que tenemos de la Ley y la Palabra divinas nos muestran de manera clara y terminante lo que Dios quiere de nosotros, cuál es su voluntad, qué es lo que la contradice, cuáles son los mandamientos que debemos cumplir y los pecados que debemos evitar. Nos indican también que es malo desobedecer a Dios, o alimentar malos deseos, o alimentar dudas acerca de sus enseñanzas y ordenanzas. Si el demonio consigue desequilibrar nuestra conciencia, o meter dudas en nuestros pensamientos, o torcer nuestros deseos y propósitos, estamos perdidos. Por eso debemos cultivar nuestra mente y corazón con las enseñanzas de la Palabra divina, fortalecer nuestra voluntad con su gracia, reclamar permanentemente la ayuda divina en oración y súplica y buscar la instrucción y orientación que nuestra iglesia y comunidad de fe nos pueden dar, para tener bien claro lo que Dios pide y quiere de nosotros, y no dejarnos engañar por Satanás.

Cuarto paso: proposición directa de pecado. Si hemos fallado en el paso tercero, el enemigo cobra fuerza y avanza terreno para inducirnos directamente al pecado:

Pero la serpiente dijo a la mujer: —¡No es cierto, no van a morir! Dios sabe muy bien que, cuando coman de ese árbol, se les abrirán los ojos y llegarán a ser como Dios, conocedores del bien y del mal. (Génesis 3:4-5).

Toda tentación llega con atractivos, con promesa de retribuciones de ganancias, placer, satisfacciones, etc. Y el demonio se encarga de hacerlas provocativas y deseables: el dinero, los bienes en general, la fama, el poder, el placer en todas sus formas. La satisfacción de nuestros caprichos y pasiones son argumentos que usa el demonio para tentarnos.

Quinto paso: la vacilación. A no ser que el alma esté muy encallecida en el pecado, en toda tentación hay cierta vacilación o indecisión. El texto de Génesis la expresa así: *La mujer vio que el fruto del árbol era bueno para comer, y que tenía buen aspecto y era deseable para adquirir sabiduría* (Génesis 3:6). Muchas veces se entabla una lucha dentro de la persona tentada: «¿Debo o no debo ceder?» Hay aquí una nueva oportunidad para echarse hacia atrás. Si le damos cabida, la gracia de Dios puede actuar. Pero si nos hemos habituado a ceder y nos hemos debilitado en la lucha o alejado de la asistencia divina, seremos presa fácil del tentador y avanzaremos hacia el abismo del pecado.

Sexto paso: el consentimiento voluntario. Caemos en la tentación y el pecado: *...así que tomó de su fruto y comió* (Génesis 3:6). El demonio ha triunfado y nosotros hemos caído.

Séptimo paso: la desilusión. La conciencia nos acusa de haber pecado y comenzamos a descubrir que las promesas del tentador no son tan reales y agradables. El pecado de cualquier naturaleza deja siempre un sabor desagradable; nos sentimos degradados, sucios. Y muchas veces se crea un gran vacío en nuestro interior: es el vacío que deja la ausencia de Dios, de la virtud, de lo que debió ser y no fue, de nuestra flaqueza y cobardía al haber cedido ante la tentación.

[Eva] tomó de su fruto y comió. Luego le dio a su esposo, y también él comió. En ese momento se les abrieron los ojos, y tomaron conciencia de su des-

nudez. Por eso, para cubrirse entretejieron hojas de higuera (Génesis 3:6-7).

Todo pecado conlleva un derrumbamiento de la vida de Dios en nosotros. Pecar es dar las espaldas a Dios; es despreciar su Ley, contradecir su voluntad y alejarnos de sus propósitos. El pecado nos destierra de nuestra amistad con Dios y de nuestra patria celestial.

Octavo y último paso: la vergüenza y el remordimiento. La voz de nuestra conciencia protesta, y aunque tratemos de apagarla, esta nos acusa diciendo: «Has pecado».

Cuando el día comenzó a refrescar, oyeron el hombre y la mujer que Dios andaba recorriendo el jardín; entonces corrieron a esconderse entre los árboles, para que Dios no los viera. Pero Dios el Señor llamó al hombre y le dijo: —¿Dónde estás? (Génesis 3:8-9).

Esta misma pregunta es la que la conciencia formula al pecador; y no tiene contestación posible. La única escapatoria ahora es buscar el perdón de Dios, arrepentirnos y proponernos enmendar nuestra conducta. Escarmentar para no volver a caer, y buscar los medios y recursos para fortalecernos ante las tentaciones.

III Recursos para vencer las tentaciones

Estos recursos son para usarse *antes, durante y después* de la tentación.

Antes de la tentación. La estrategia está contenida en la advertencia de nuestro Maestro y Señor Jesucristo a los discípulos en Getsemaní, la noche de su prendimiento: *Estén alerta y oren para que no caigan en tentación* (Mateo 26:41). *Vigilancia* y *oración* son las dos palabras clave.

La vigilancia nace del conocimiento que tenemos de la astucia y persistencia del demonio, que está buscando cómo atraparnos, según nos lo dice el apóstol Pedro: *Practiquen el dominio propio y manténganse alerta. Su enemigo el diablo ronda como león rugiente, buscando a quién devorar* (1 Pedro 5:8). Esta vigilancia reviste muchas formas. Puede ser la huida de la ocasión, prever la ocasión de tentación y pecado que puede estar representada por un lugar, una persona, una actividad o una compañía. Nosotros mismos, con nuestras tendencias, pasiones y debilidades, podemos ser la ocasión. Si nos conocemos bien, debemos prevenirnos, como nos aconseja Pedro, practicando el dominio propio. Guardar nuestros sentidos, evitar el ocio que, como reza el dicho popular, es «la madre de todos los vicios».

La oración. Esta tiene la virtud de poner a Dios de nuestra parte. Ya no estaremos luchando solos; el Señor luchará por nosotros y con nosotros. Toda la vigilancia y esfuerzo de nuestra parte, sin la asistencia de la gracia de Dios, resultarán inútiles. Recordemos que *nuestra lucha no es contra seres humanos, sino contra poderes, contra autoridades, contra potestades que dominan este mundo de tinieblas, contra fuerzas espirituales malignas en las regiones celestiales* (Efesios 6:12). Por eso a renglón seguido el apóstol aconseja: *Oren en el Espíritu en todo momento, con peticiones y ruegos. Manténganse alerta y perseveren en oración...* (Efesios 6:18). Alfonso de Ligorio, famosos autor espiritual, decía: «El que ora, se salva; y el que no ora, se condena».[5]

---

5 Citado por Antonio Royo Marín, *Teología de la perfección cristiana*, Biblioteca de Autores Cristianos, Madrid, 1994 p.306.

Durante la tentación. La palabra clave es *resistir.* Debemos saber que el enemigo es enérgicamente *activo;* y debemos responderle con una actitud de *resistencia enérgicamente activa. Rechazar* al enemigo con la energía con que Cristo lo rechazó: —*Apártate, vete, Satanás ... No tentarás al Señor tu Dios*— (Mateo 4: 7 y 10). Cristo repitió su repulsa al tentador tres veces. Tenemos que saber que este es persistente, y debemos rechazarlo una y mil veces.

Después de la tentación. Puede pasar una de tres cosas: que hayamos vencido, o sucumbido o que no estemos seguros. Si hemos vencido, debemos dar gracias a Dios, reconociendo que nuestro triunfo lo debemos sólo a su gracia y asistencia. Si hemos sucumbido, debemos reconocerlo humildemente, pero no debemos desanimarnos. Recordemos que tenemos un Padre misericordioso listo siempre a recibirnos de regreso, como al hijo pródigo; y si nos arrepentimos, nos perdonará y restaurará. Levantémonos y presentémonos ante nuestro Padre; pidámosle perdón y reclamemos su ayuda, para no recaer, haciendo el propósito de enmendarnos. Y si quedamos en duda, busquemos también en la oración y la reflexión la ayuda del Espíritu para descubrir qué tan complacientes hemos estado con el tentador y hasta dónde nos hemos arriesgado. Prometamos ser más precavidos y prudentes.[6]

---

6 Antonio Royo Marín trata ampliamente este tema de la tentación en el capítulo I del libro primero de su obra *Teología de la perfección cristiana*. Biblioteca de Autores Cristianos, Madrid, 1994, pp.280-308.

III

LA CEGUERA

LA CEGUERA

La ceguera espiritual. Es un fenómeno bastante común no solo entre personas no creyentes, sino entre creyentes; y lo que es más grave, entre líderes, directivos y personas dedicadas a un ministerio religioso. El mejor ejemplo lo tenemos en los líderes religiosos judíos en los tiempos de Jesús, a quienes el Maestro llamó «ciegos». Recordemos el duro episodio a raíz del reclamo que algunos fariseos y maestros de la ley le hicieron, porque sus discípulos «quebrantaban la tradición de los ancianos», comiendo sin cumplir primero el rito de lavarse las manos. La respuesta de Jesús fue contundente:

> —¿Y por qué ustedes quebrantan el mandamiento de Dios a causa de la tradición? ... Por causa de la tradición anulan ustedes la palabra de Dios. ¡Hipócritas! Tenía razón Isaías cuando profetizó de ustedes: «Este pueblo me honra con los labios, pero su corazón está lejos de mí».

Jesús termina identificándolos como *guías ciegos. Y si un ciego guía a otro ciego, ambos caerán en un hoyo (*Mateo 15:1-14).

Para estos que se empecinan en sus propias concepciones de lo que es bueno o malo y condenan a los que no están de acuerdo con sus tradiciones y leyes; y otros que no quieren reconocer la presencia y acción de Dios en sus vidas, o juegan con las tentaciones y el pecado, son las palabras del profeta Job, que nos advierten sobre las consecuencias del extravío e inconsciencia a los que nos puede llevar la ceguera. *Los rebeldes a la luz no reconocen sus caminos ni se acostumbran a sus sendas* (Job 24:13 RVR).

Qué es ceguera espiritual. Por analogía con la ceguera física, la ceguera espiritual puede definirse como «la privación de la luz, que es el principio de conocimiento o visión intelectual y espiritual de Dios y de las verdades necesarias para la salvación».[1]

La ceguera espiritual reviste varias formas que podrían identificarse como *torpeza* o *miopía* para ver y sentir la acción de la gracia de Dios, y valorizar los bienes espirituales; *sordera* y *cerrazón* para escuchar los llamados de Dios; *dureza de corazón* o insensibilidad para percibir los impulsos interiores del Espíritu Santo.

Origen de la ceguera. Según las Escrituras, la ceguera o dureza no vienen de los ojos ni del mundo exterior. Vienen del corazón que, en el mejor sentido bíblico, es el centro de la persona. Lo que impide ver y sentir la acción de Dios y de su Espíritu es un corazón rebelde. Este pueblo *tiene ojos y no ve, tiene oídos y no oye* – se quejaba el Señor por boca del profeta Jeremías – porque *tiene un corazón terco y rebelde* (Jeremías 5:21 y 23).

Causas de la ceguera. El pecado en todas sus formas es la causa primordial de la ceguera. La malicia fruto de nuestra naturaleza pecaminosa que nos lleva al estado deplorable de

---

1 Ancilli, Ermanno, *Diccionario de espiritualidad*, Tomo I, Editorial Herder, Barcelona, 1987. p. 370.

adherirnos al mal y resistir la gracia divina.[2] Estado que conduce irremediablemente al encallecimiento de nuestra conciencia y al bloqueo de la luz divina que la alumbra. Esto nos hace responsables directos de nuestra ceguera y dureza de corazón y de todas sus consecuencias.[3] A este estado se llega por el rechazo continuo a la gracia divina que se nos presenta en muchas formas: una advertencia, un consejo, una lectura, un sermón, y la voz interior de nuestra conciencia que siempre nos indica lo que debemos o no debemos hacer. Nuestra naturaleza viciada por el pecado nos inclina naturalmente a lo fácil, prohibido y pecaminoso. Pero si pedimos la gracia y asistencia divinas, la recibiremos, aunque muchas veces nos dejamos llevar de la tentación y nos complacemos en el gusto o placer que el pecado trae consigo. Este rechazo consciente de la gracia, más las caídas frecuentes y repetidas en los lazos de la tentación y del pecado, son las que crean en nuestra alma los callos espirituales y la ceguera que termina por obnubilarnos para no ver y sentir los llamados de la gracia y percibir las consecuencias de nuestro proceder extraviado. En esta situación tienen mucho que ver factores internos y externos de la persona: su ambiente, su formación, su cultura.

La raíz de la ceguera. Ya hemos dicho que la ceguera y cerrazón espiritual radican en el corazón. Es de allí donde nacen las tendencias, afectos, deseos e inclinaciones que se conocen como *concupiscencias o tendencias o deseos pecaminosos.*

---

2 Sobre el tema del pecado y su influencia en nuestra naturaleza y vida véase el capítulo sobre el pecado del libro de Ladislaus Boros, *Decisión Liberadora*, Herder, Barcelona, 1979, pp. 31-49.

3 Véase *La carne y el hombre viejo. El combate del cristiano*, en *Los grandes maestros de la vida espiritual*, *Historia de la espiritualidad cristiana*, Antonio Royo Marín, Biblioteca de Autores Cristianos, Madrid 1973, pp. 20-22.

> *Porque nada de lo que hay en el mundo — los malos deseos [concupiscencias] del cuerpo, la codicia [concupiscencia] de los ojos y la arrogancia de la vida— provienen del Padre sino del mundo* (1 Juan 2:16).

El demonio trabaja con este capital carnal y mundano de nuestras concupiscencias o tendencias pecaminosas, para inducirnos a seguir sus impulsos a veces violentos. Estas tendencias se convierten en las pasiones que nos zarandean, especialmente la lujuria, la gula, la avaricia, el orgullo y la ambición de dominio y poder y otras más. Todas estas pasiones y el objetivo que las mueve toman visos alarmantes de atracción a través del placer y satisfacción que nos producen. Y podemos llegar al estado de ceguera moral y mental en la que ya no distinguimos el bien del mal; o si lo distinguimos, no nos interesa porque estamos cautivados por el atractivo del placer y del pecado. Ya no vemos o no queremos ver los límites de lo lícito o ilícito; perdemos la noción del deber, la honradez y la responsabilidad. Todo esto puede desembocar en una perversión intelectual y moral que los autores espirituales llaman *corruptio mentis et cordis:* corrupción de la mente y el corazón.

Estado extremo de la ceguera. Se da cuando no solo nos dejamos llevar de los vicios y pecados que se oponen a la ley de Dios y a nuestras obligaciones, sino que buscamos argumentos y justificaciones para nuestro torcido proceder. Terminamos siendo apologistas del pecado: se exalta el vicio y se desprecia la virtud; se reniega del deber y se justifica el extravío del camino sano y recto que nos señalan la Ley divina y los deberes de nuestro estado y vocación. De ahí a dejarnos arrastrar por la corriente del mal no hay ni siquiera un paso.[4] El apóstol Pablo describe en varios pasajes de sus cartas este estado lamentable. Es la ceguera de los intemperantes que tienen por dios al vientre (Filipenses 3:19 RVR), de los impúdicos que se prostituyen con todas aberraciones de los sentidos (Romanos 1:24ss), de los avaros y ambiciosos que se venden a Mammón, dios de las riquezas (1 Timoteo 6:20). Queda la concupiscencia del orgullo, que tiende a valorarnos por encima de lo que somos o valemos, y reclama de los otros que nos rindan pleitesía y reconocimiento por encima de nuestros valores. Esta pasión del orgullo fue la que perdió a nuestros primeros padres en el paraíso y está en la raíz de todas las pasiones. Por algo hablan de él en términos perentorios los autores y escritores de todos los tiempos:

El orgullo es el más fatal de todos los consejeros humanos —escribe el gran poeta y escritor francés del siglo XIX, Alfredo de Musset.

Y Agustín de Hipona afirma: *La soberbia no es grandeza, sino hinchazón; y lo que esta hinchado parece grande, pero no está sano.* [5]

Consecuencias de la ceguera. La situación de la persona que cae en la ceguera espiritual es trágica, por decir lo menos. Es alguien que no quiere ver y a quien el demonio tapa los ojos y el entendimiento para no aceptar los hechos sobrenaturales y la acción de la gracia de Dios. Fue el caso de los adversarios de Jesús, que no admitían el milagro evidente de la curación del ciego de nacimiento que realizó delante de sus ojos. Y llegaron al extremo de atribuirlo a Beelzebú (Juan 9:1-4). Véase Mateo 13:22. Fue el caso de Judas, cegado por la avaricia y la ambición, a quien no valieron los gestos repetidos de amistad y de advertencia que Jesús le demostró.

---

4 Gregorio Magno, *Obras*, Biblioteca de Autores Cristianos, Madrid, 1958, pp.217—221.

5 San Agustín, «Sermón 16 de tempore».

Todos podemos llegar a ese estado si nos dejamos llevar por las pasiones, si nos hacemos complacientes con el pecado en todas sus formas: deseos sucios, repetidas infidelidades a nuestras obligaciones y deberes; o si nos empecinamos en nuestras interpretaciones acomodaticias de la verdad y de las exigencias bíblicas. Todo esto nos va seduciendo y cegando; nos envuelve en una especie de neblina moral y espiritual; endurece nuestro corazón y quita sensibilidad a nuestro espíritu para percibir la obra de Dios y sentir su gracia que reclama nuestra atención y asentimiento.

La ceguera: castigo de Dios. Algunos lo consideran así. Otros piensan que, por el contrario, puede ser una acción de su misericordia para hacer reflexionar al pecador y volverlo al camino de la gracia. «Si para algunos – dice Tomás de Aquino – Dios ordena la ceguera para su salvación, esto depende de su misericordia; si para otros está ordenada a su condenación, ello se debe a su justicia»[6]

Agustín de Hipona vivió en carne propia la ceguera moral y espiritual hasta que la gracia de Dios lo tocó y cambió su corazón. En sus obras nos describe el estado del hombre obcecado, prisionero de la ceguera, que se parece mucho al de los enemigos de Cristo frente al milagro del ciego de nacimiento en Juan 9:1-41.

a) *Ignora la gravedad de su estado* y es incapaz de valorar objetivamente su situación presente y futura.
b) *Se siente a gusto con su estado de ceguera* y llega hasta amarla como si fuera una conquista liberadora de la autonomía de su espíritu.

---

6 Aquino Tomás 1. c., 4c. Véase además *S. Agustín, De natura et gratia* 27: PL 44,262.

Escuchemos al gran obispo de Hipona:

> *Una gran nube tenebrosa estaba ante los ojos de mi vanidad de modo que no podía ver el sol de la justicia; hijo de las tinieblas, amaba mis tinieblas, porque ignoraba la luz. Era ciego y amaba mi ceguedad y me precipitaba de tiniebla en tiniebla.*[7]

Comprendemos ahora lo que Juan afirma en el prólogo de su Evangelio en relación con «la tiniebla» como enemiga de Cristo, quien es luz. (Véase Juan 1:5.)

   c) En tercer lugar, el obcecado, ahogados los remordimientos de conciencia, acalladas las llamadas de Dios, y creada una falsa tranquilidad, *se deja arrastrar por las pasión*, que, según Agustín, «es como una loba dantesca que nunca se sacia y después de comer tiene más hambre que antes».[8]

REMEDIOS DE LA CEGUERA

Remedios preventivos

a) *Vigilancia y dominio de las pasiones y apetitos.* Estas son fuerzas que, disciplinadas o controladas, pueden impulsarnos a la santidad; pero, descontroladas, pueden arrastrarnos a la animalidad y embrutecimiento y terminan cegándonos, no permitiendo que veamos clara la diferencia entre el pecado y la virtud, entre el bien y el mal.

b) *Vivir una vida espiritual sana.* Practicar la piedad que favorece una relación personal con Dios y nos fortifica en el deseo de vivir el evangelio en todas sus exigencias. Esta rela-

---

7 Agustín de Hipona: *Soliloquios 33*, 1; véase además Jn 3:19.
8 Agustín de Hipona: *Infierno*, 1, 98-99.

ción clarifica nuestra mente para ver lo bueno y descubrir la voluntad de Dios.

c) *Estar alerta a la voz e inspiración de Dios.* Dios nos habla de muchos modos: a través de su Palabra; del buen ejemplo o testimonio de otros; del consejo y orientación sabia de los directores, pastores o hermanos.

d) *Adquirir un equilibrado sentido de los valores.* Colocar lo espiritual y moral por encima de lo material y temporal. Fue esta la advertencia que Jesús hizo a Marta, la hermana de Lázaro, cuando se quejó de que su hermana María la había dejado sola en los quehaceres de la casa, para quedarse con él. —*Marta, Marta,... estás inquieta y preocupada por muchas cosas, pero sólo una es necesaria. María ha escogido la mejor, y nadie se la quitará* (Lucas 10:41-42).

e) *Aprender a conocernos en toda nuestra realidad como criaturas de Dios.* Recordando de dónde vinimos y hacia dónde nos dirigimos. Salimos de las manos de Dios y nuestro porvenir es eterno. Luego debemos estar abiertos a la voz y voluntad divinas sobre nuestra vida y existencia. Aprenderemos a vivir de acuerdo con los valores superiores y a evitar los ímpetus de las pasiones, que nos ciegan y nos llevan a tergiversar los valores morales y espirituales.

Remedios constructivos.

a) *Asumir responsabilidades.* Admitir que tenemos un problema de ceguera espiritual y debemos curarnos. No disculparnos diciendo: «*Es que soy así*», ni empecinarnos en nuestras equivocaciones y razonamientos. Para esto se necesita ser francos, valientes y humildes. Reconocer que somos lodo, saliva y barro, los elementos usados por Cristo para curar al ciego. Son símbolos de la nueva creación, de los pobres elementos con los que Dios y Cristo pueden hacer los milagros de darnos una nueva visión y una nueva vida, como lo hizo con el primer hombre sacado de la tierra (Génesis 2:7).

b) *Desechar los falsos razonamientos y tradiciones religiosas que nos impiden VER la verdad del evangelio y de nuestra propia realidad pecadora.* Que no tenga que decirse de nosotros lo que decía Ezequiel de muchos en su tiempo, y Cristo tuvo que repetir aplicándolo a algunos líderes religiosos: *Tienen ojos para ver, pero no ven; tienen oídos para oír, pero no oyen...* (Ezequiel 12:2).

c) *Aprender a escuchar a otros.* No pensar que solo nosotros lo sabemos todo. Otros nos pueden enseñar. Inclusive nos pueden corregir y hacernos caer en cuenta de que estamos equivocados.

d) *Admitir nuestros errores y pedir perdón.* Recordar que «es propio del ser humano el equivocarse»; y que el enmendar las equivocaciones nos engrandece delante de Dios y de los hombres.

e) *Ser humildes y sinceros en nuestras oraciones* como lo demostró el publicano del Evangelio (Lucas 18:13ss) es un remedio infalible para nuestra ceguera y dureza. Dios acoge al pecador arrepentido y le abre su corazón.

f) *Tener confianza en Dios y en su gracia.* Tenemos un Padre siempre dispuesto a recibirnos y perdonarnos (véanse 1 Pedro 1:3 y Lucas 15: 20ss). Creer también en nuestra capacidad de recuperación, sabiendo que nuestro esfuerzo, acompañado de la gracia de Dios nos pueden ayudar a ver mejor las cosas, a descubrir cuál es la verdad y qué es lo que Dios quiere de nosotros. Todo lo podemos en Cristo que nos fortalece (Filipenses 4:13).

Conclusión. La iglesia de Laodicea puede representar a los orgullosos *sabelotodos* que creen que ya no pueden aprender nada; o a los presuntuosos que se creen perfectos, sin darse cuenta del largo camino de santidad que les falta por recorrer. Laodicea era una iglesia presumida y petulante, pero tibia en el servicio a su Dios. Se creían ricos. Según ellos, nada les faltaba. Estaban cegados de suficiencia humana y orgullo. Y tuvieron que escuchar la advertencia de Dios a través de Cristo y su ángel:

> *Dices: "Soy rico; me he enriquecido y no me hace falta nada"; pero no te das cuenta de que el infeliz y miserable, el pobre, ciego y desnudo eres tú. Por eso te aconsejo que de mí compres oro refinado por el fuego, para que te hagas rico; ropas blancas para que te vistas y cubras tu vergonzosa desnudez; y colirio para que te lo pongas en los ojos y recobres la vista* (Apocalipsis 3:17-18).

IV

LA INSTALACIÓN

LA INSTALACIÓN

La instalación o acomodo. La instalación o acomodamiento en la rutina de una vida aparentemente cristiana es una de las causas de la ceguera espiritual que lleva al estancamiento. Se puede llegar a un estado de encallecimiento del espíritu que nos hace insensibles a la gracia de Dios y a la acción de su Espíritu. Esta tentación es muy común entre los creyentes que han adquirido cierto estado de fidelidad a su iglesia o religión, y de manera particular entre los líderes religiosos y ministros.

La tentación a instalarnos. Nace de nuestro interior, de lo más hondo de nuestro corazón; de los sentimientos y actitudes ocultas que nos hacen sentir contentos con lo que creemos que hemos avanzado en nuestra vida espiritual y en nuestra relación con Dios. Nos sentimos satisfechos de nuestros logros y éxitos. Soterradamente, allá en lo íntimo de nuestro corazón hay otros mecanismos que toman posesión de nuestra acción ministerial y de nuestro vivir como creyentes: el deseo de tener o adquirir, el afán de notoriedad y la voluntad de aparentar. Pretendemos que ya hemos alcanzado un grado de perfección suficiente, que es poco lo que podemos aprender y progresar. Nos acostumbramos a un *modus vivendi* cómodo, y nos hacemos impenetrables a la gracia; podemos llegar hasta crear una mente y corazón duros como piedra, sin apertura y sensibilidad.[1] Este es el drama de muchos creyentes o no, líderes o dirigentes religiosos, o simples miembros de iglesias. Jesús Arteaga los describe de este modo:

> *No quieren oír, no quieren escuchar, no quieren prestar atención, no quieren abrir los ojos, no quieren acercarse a la luz. Permanecen en la penumbra.*[2]

Satisfechos de nosotros mismos. El tentador empieza por hacernos sentir cierto grado de satisfacción por los bueno que somos, o por los logros que hemos conseguido en nuestro trabajo, ministerio y vida. Se va colando sutilmente en nuestro pensamiento, creándonos una idea de que somos «gran cosa»: «buenos» e «importantes»; y cada paso que damos hacia el acomodo y satisfacción engañosa de nuestros valores personales nos lo hace aparecer el enemigo como plenamente justificado, desde el punto de vista cristiano y espiritual. Y al final nos hallamos ante una situación falseada de una persona satisfecha con sus logros y éxitos, sus hábitos, su vida y ministerio, y su comodidad. En una palabra, una persona contenta de sí misma. Ladislaus Boros escribe:

> *Se trata de un hombre o mujer que se entrega de lleno al cuidado de lo propio, que ya es incapaz de soñar con una perfección mayor, que cavila de continuo en si puede perder o ganar algo y que ya no puede entregarse generosamente*[3]

---

1 Boros, Ladislaus, *Decisión Libertadora.* Editorial Herder, Barcelona, 1979 pp.77-78.
2 Arteaga, Jesús, *Cartas a los hombres*, Editora de revistas, México, 1984.
3 Boros, *Ladislaous*, op. cit p. 78.

Este estado se da entre personas buenas, religiosas, fieles; entre líderes exitosos, y aun ministros y pastores a los cuales no se les puede atribuir ningún pecado grave o infidelidad notoria. Puede, sin embargo, llevar al estado lamentable de la *tibieza espiritual* que tanto repugna al mismo Dios, según lo testimonia el mensaje a la iglesia de Laodicea:

> *...Conozco tus obras; sé que no eres frío ni caliente ¡Ojalá fueras lo uno o lo otro! Por tanto, como no eres ni frío ni caliente, sino tibio, estoy por vomitarte de mi boca. Dices: "Soy rico; me he enriquecido y no me hace falta nada"; pero no te das cuenta de que el infeliz y miserable, el pobre, ciego y desnudo eres tú* (Apocalipsis 3:14-17).

Causas de la instalación o acomodamiento. Son múltiples y variadas, pero casi todas se reducen al éxito, los aplausos, los logros, que nos ciegan e insensibilizan; crean a nuestro rededor un nido de complacencia y comodidad. Nos dan la sensación de que somos especiales, importantes e insustituibles. Nos fascinan y obnubilan nuestros logros, avances y éxitos: «¡Qué grande soy! ¡Qué importante soy! ¡Qué necesario soy!»

La pereza y la rutina son otros factores que influyen definitivamente en el estancamiento espiritual. ¡Qué terrible es un creyente «cansado de ser bueno», que piensa que ya no tiene más camino que recorrer en su madurez y perfeccionamiento, y que se echa a vivir una vida rutinaria de formalidades religiosas exteriores que en nada influyen en su progreso espiritual! El auténtico discípulo está siempre en pie y avanzando. Comprende lo que la muy conocida escritora y maestra de la vida espiritual Teresa de Ávila dice cuando habla del camino que lleva a Dios:

A los que quieren seguir este camino, sin detenerse hasta llegar al fin, importa mucho una decidida determinación de no parar, venga lo que viniera, suceda lo que sucediera, trabajase lo que trabajara, murmure quien murmurare...[4]

Consecuencias de la instalación

a) *Perdemos la capacidad de modulación de nuestra vida,* según Dios lo quiere y Cristo nos enseña. El honor, la influencia social, el renombre, la fama y la posición social en el grupo adquieren para el «acomodado» una importancia trascendental y prioritaria.

b) *Comenzamos a utilizar a los otros para nuestros propios fines.* Como estamos empeñados en asegurarnos una posición de poder y prominencia, no vacilamos en utilizar y hasta obstaculizar y destruir a otras personas, usando todos los medios a nuestro alcance, incluso el disimulo y la apariencia de bien para la institución a la que pertenecemos o dirigimos. Al fin y al cabo lo importante es conservar y fortalecer nuestra propia posición y demostrar que somos «alguien». Parece mentira, pero esta situación se da en dondequiera exista una comunidad integrada por dos o más: el matrimonio, las amistades, los negocios, la política, el campo social y la iglesia.

c) *Como consecuencia de lo anterior, nos cerramos y recogemos dentro de nosotros mismos.* Nos vamos cerrando a aprender de otros, a compartir nuestra gloria, a reconocer a otros que puedan hacernos sombra, a cambiar, a delegar. Nuestra frase preferida es: «*¡Si yo lo sé hacer!*» o «*¡Si no lo hago yo, no salen bien las cosas!*», que revelan que estamos de verdad acomodados, instalados en nuestra posición cómoda de suficiencia. De ahí nadie puede sacarnos. Ni Dios mismo.

4 Citado por Jesús Arteaga, *Cartas a los hombres*, Editorial de revistas SAS., México, 1984, p. 126.

d) *Instalamos cercas defensivas.* Fronteras que nadie puede cruzar: «*¡Este es mi campo, mi iglesia, mi grupo, mi ministerio, mi sistema, mi método de trabajo... mi... mi, mi reino!*»

e) *Pretendemos imponer lo espiritual con medios mundanos.* Desvalorizamos las virtudes cristianas, como la sencillez de corazón, la entrega al prójimo, los valores que proclama el Sermón del Monte (Mateo 5:1-12). Y le damos más importancia a las influencias, las componendas, los manejos ocultos y turbios del poder y a nuestras propias conveniencias.

f) *Desde esta posición hay solo un paso al orgullo fatuo y pretencioso que procura la propia alabanza y encumbramiento.* Comenzamos a hablar como el fariseo del Evangelio: «*Oh Dios, te doy gracias porque no soy como otros hombres —ladrones, malhechores, adúlteros— ... Ayuno dos veces a la semana, etc...etc"* (Lucas 18: 11-12).

Parábola del rico insensato. Esta parábola de Jesús (Lucas 12:13-21) es un buen ejemplo del acomodo. A este hacendado le fue muy bien en sus negocios, al punto que pensó solamente en cómo asegurar su porvenir, acumulando más y más riquezas, pensando sólo en su bienestar temporal y material. Construyó graneros y programó su vida de acuerdo con sus propios planes, sin contar con los planes de Dios, y con el posible beneficio que sus posesiones y haberes pudieran reportar a otros. En otras palabras, se hizo insensible a otros valores que no fueran sus intereses materiales y su idea fija de seguridad egoísta para el futuro. En su prosperidad no pensó que su vida dependía de algo más que sus riquezas, y que debía estar sensible a otros valores y circunstancias. Y se llevó su sorpresa cuando se preparaba a gozar de la vida. Acomodado en la seguridad temporal que le daban sus riquezas acumuladas, debió escuchar a Dios, dueño de la vida y de todos los bienes: «*¡Necio!* [le advirtió] *Esta misma* *noche te van a reclamar la vida. ¿Y quién se quedará con lo que has acumulado?»*

El hombre del brazo paralizado (Marcos 3:1-7) y los que buscaban pretextos para atacar a Jesús, nos muestran otra clase de «acomodados» e «instalados» en leyes y tradiciones religiosas a las que hay que servir por encima de todas las cosas. Jesús les pregunta si es permitido hacer el bien, salvar una vida, en un día sábado. Y ante la actitud taimada y «acomodada» de sus enemigos, Jesús, después de curar al enfermo *se quedó mirándolos, enojado y entristecido por la dureza de su corazón.* Es bien clara su falta de sensibilidad. A estos tales Jesús identifica como *esclavos* (véase Juan 8: 33-34). Son esclavos de sus doctrinas y posiciones teológicas, esclavos de sus costumbres, esclavos de sus rutinas, esclavos de un sistema rancio y oxidado que no se puede tocar. Les falta la visión de Abraham, quien saltaría de gozo al ver llegado el día de Jesús, día de redención (Juan 8:56). Estos líderes religiosos judíos no se dieron cuenta de que había llegado el Enviado del cielo, el Redentor-Mesías, porque estaban muy contentos instalados en su religión, en sus tradiciones, criterios y juicios. Por eso no pudieron reconocer «el signo de los tiempos». Su actitud negativa fue tal que llegaron a tomar piedras para atacar al Maestro (Juan 8:59), porque pensaron que amenazaba su estabilidad y acomodo.

Los ayes de Cristo contra los acomodados. Mateo 23:13-22 presenta uno de los pasajes más duros y difíciles del evangelio. Es un ataque frontal de Jesús a sus enemigos religiosos con palabras tajantes, amenazadoras y hasta desconcertantes:

¡Ay de ustedes, maestros de la ley y fariseos, hipócritas! Les cierran a los demás el reino de los cielos, y

ni entran ustedes ni dejan entrar a los que intentan hacerlo.

¡Ay de ustedes, maestros de la ley y fariseos, hipócritas! Recorren tierra y mar para ganar un solo adepto, y cuando lo han logrado lo hacen dos veces más merecedor del infierno que ustedes.

¡Ay de ustedes, guías ciegos!, que dicen: "Si alguien jura por el templo, no significa nada; pero si jura por el oro del templo, queda obligado por juramento". ¡Ciegos insensatos! ¿Qué es más importante: el oro, o el templo que hace sagrado al oro? También dicen ustedes: "Si alguien jura por el altar, no significa nada; pero si jura por la ofrenda que está sobre él, queda obligado por su juramento. ¡Ciegos! ¿Qué es más importante: la ofrenda, o el altar que hace sagrada la ofrenda?...

Tenemos aquí lo que pudiéramos llamar «los siete ayes» contra líderes religiosos encerrados en sus tradiciones, contentos de sí mismos y resistentes a cambiar y descubrir nuevos caminos y oportunidades. En ellos están representados los hombres y mujeres de iglesia con cierta cultura o conocimiento, o que pretenden tenerlos, pertenecientes a lo que podríamos llamar la burocracia o estructuras intocables eclesiásticas, exageradamente institucionalizados, totalmente impermeables al cambio y al progreso. Pero es aplicable también a cualquier creyente o líder acomodado en una religiosidad rutinaria y medio estéril. En resumen, podemos percibir tres graves acusaciones de Jesús:

Primera acusación: *la hipocresía.* Es una palabra que se repite en todos sus ayes con excepción del tercero, donde habla de *guías ciegos.* Según la etimología de la palabra griega *hipócritas,* esta significa actores, gente que recita maquinalmente un libreto y se pone una máscara. Podemos aplicar las palabras de Jesús a los predicadores no auténticos que saben recitar un sermón, despertando la atención, pero cuyo contenido está en desacuerdo sustancial con sus propias vidas. Puede decirse lo mismo de los que propugnan valores y leyes que ellos mismos no practican.

Segunda acusación: *el proselitismo numérico en busca de prestigio*. Para estos líderes religiosos, como los fariseos y doctores de la ley, su principal afán es ganar prosélitos, no cambiar vidas con el poder de Dios. Su activismo ministerial no tiene que ver nada con el espíritu misionero y la comunicación del mensaje que Cristo encomendó a sus discípulos. Más que la gloria de Dios y la salvación de las almas, se busca el prestigio personal por medio del aumento sobre todo numérico de la membresía.

Tercera acusación: *las falsas prioridades y propósitos*. Es aquí donde Cristo usa la expresión «guías ciegos». Los guías ciegos creen conocer el camino, o lo conocen muy superficialmente. Muchos lo alteran, despojándolo de sus exigencias, haciéndolo mundanamente atractivo y fácil. Hay teologías, iglesias y movimientos completos que han optado por esta clase de camino desfigurado, que no es más que una caricatura del evangelio serio y exigente de Jesucristo. Se cambia lo esencial por lo accesorio y aparente; se crea una religión fácil, como se diría en inglés *light* (suave). Todo es bonito, suave; no hay por qué hablar de pecado o dolor o sufrimiento. Todo apunta solamente al éxito y a la prosperidad, que en ciertas instancias se pueden comprar. Cuanto más das y cuanto más grande sea tu cheque u ofrenda, más puedes esperar. Por otra parte, pertenecen a esta categoría los que propugnan una religión rigorista y formalista basada en leyes y preceptos, en sutilezas jurídicas y apariencias exteriores que llevan a una hipocresía religiosa de falsa espiritualidad.

Curación de la instalación. Para lograrla debemos:
a) *Bajarnos de nuestro pedestal,* al que nos han subido nuestros éxitos y realizaciones, o las adulaciones y encomios de quienes nos rodean. Reconocer que si hemos tenido éxito, se lo debemos a Dios, a su gracia, a la asistencia del Espíritu y a la colaboración de otros. Por lo tanto, b) *debemos reconocer los méritos de otros y no quedarnos nosotros solos con la gloria.* El líder maduro y ecuánime busca siempre dar a cada cual lo que le pertenece y no se queda con los méritos de sus asociados o subalternos.

c) *Debemos combatir la rutina.* Nadie es más creativo que Dios y su Espíritu; y si trabajamos bajo su dirección, renovaremos nuestras fuerzas cada día, y cultivaremos una vida y ministerio cristianos creativos, «nuevos cada día». Porque el Espíritu no sólo crea, sino que renueva hasta la misma faz de la tierra (Salmo 104:30).

d) *Debemos aceptar los desafíos para el cambio y el progreso.* No resistirnos al cambio bueno y necesario. Estar abiertos a los nuevos métodos y formas de ministerio y de servicio.

e) *Debemos estar dispuestos a sufrir*, a cargar con la cuota de dolor, renuncia y sacrificio que Cristo exige a sus seguidores: *Si alguien quiere ser mi discípulo, tiene que negarse a sí mismo, tomar su cruz y seguirme (*Mateo 16:24).

La clave contra la instalación y acomodamiento está en la *imitación de Cristo.* En realidad, en ella radica la esencia del cristianismo, que no es una ideología ni una doctrina, ni mucho menos una colección de leyes morales. Todo puede incluirse en el bagaje de una vida cristiana, pero no está ahí su esencia. La esencia del cristianismo es una persona: Jesucristo. Ser cristiano significa imitar a Jesús, identificarse con Cristo. Esta imitación e identificación no se da por el cumplimiento de unas leyes, reglas, mandamientos o preceptos morales. Consiste, sí, en identificar nuestros criterios y pensamientos con los criterios y pensamientos de Jesús;

en permitir que su persona y su vida penetren nuestra estructura interna como personas e individuos al punto que comencemos a vivir su propia vida en nosotros. Era lo que quería decir Pablo cuando afirmaba: *...ya no vivo yo, sino que Cristo vive en mí. Lo que ahora vivo en el cuerpo, lo vivo por la fe en el Hijo de Dios, quien me amó y dio su vida por mí* (Gálatas 2:20). Esta identificación con Cristo nos obliga a renovarnos cada día, a no estar satisfechos con nuestra aparente perfección de vida espiritual, a buscar el cambio para el bien, a renovar nuestras fuerzas espirituales y a buscar incansablemente los nuevos caminos y desafíos que el mismo Cristo nos presenta. A ser humildes, sinceros, sencillos, dispuestos a cumplir la voluntad de Dios, aunque esto signifique cambios y renovación.[5]

La oración es el camino natural de identificación con nuestro Maestro y con Dios, nuestro Padre. La oración mantiene fresco nuestro espíritu con la frescura de Dios. La oración nos sensibiliza en los caminos nuevos o renovados que Dios y su Espíritu preparan para nosotros y nuestro ministerio. Y nos sostiene en el largo y a veces difícil caminar en los caminos de la virtud y de la gracia divinas.

Sensibilidad a las necesidades del prójimo. Cristo nos ha dado el mejor ejemplo en este punto. Por algo el libro de los Hechos lo identifica sencillamente como *este Jesús de Nazaret ... que anduvo haciendo el bien y sanando a todos los que estaban oprimidos...* (Hechos 10:38). Nada es más creativo y dinámico que el ministerio de Jesús, movido siempre por las necesidades del prójimo.

---

5 Este tema y otros relacionados con las cualidades del ministro y predicador lo trata ampliamente Carlos María Martini, en su libro *El predicador ante el espejo*, Ediciones Paulinas, Bogotá, 1988.

Ver la mano misteriosa de Dios en todas las cosas. El creyente, y mucho más el líder, ministro o directivo religioso, debe rozarse con Dios cada día, a cada rato, en casi todo lo que hace. Por lo tanto, se supone que debería descubrir los propósitos de Dios en todo lo que acontece. Es esto lo que significa poseer *sabiduría de corazón,* una capacidad de reconocer el amor de Dios en todas las cosas. En el pasaje de Mateo 23:13-22, que hemos estudiado, Cristo invita a sus contrincantes a descubrir el misterio de Dios en las realidades exteriores y acciones religiosas. Todas estas están consagradas a Dios y representan de alguna manera su presencia y acción en medio de su pueblo. Era lo que no alcanzaban a comprender estos líderes religiosos. Jesús tiene que recordarles que *el que jura por el altar, jura no sólo por el altar sino por todo lo que está sobre él. El que jura por el templo, jura no sólo por el templo, sino por el que habita en él. Y el que jura por el cielo, jura por el trono de Dios y por aquel que lo ocupa* (Mateo 23:20-22).

Todas las realidades –naturales, históricas, sobrenaturales y culturales– revelan el misterio de Dios, y todas lo ocultan. En las palabras de Jesús hay una profunda visión sapiencial. La verdadera religiosidad sabe captar, por sobre todo, más allá de todo, en el fondo de todo, el misterio inefable del amor de Dios, la dulcísima presencia de un Dios que nos ama y nos comprende en todo, que viene a nuestro encuentro, nos acoge, nos anima, nos impulsa, nos sostiene, nos perdona y nos consuela.[6] Por eso el auténtico creyente y más aún el genuino líder cristiano es «un inquieto buscador». Hasta Napoleón reconocía la sabiduría de «buscar y buscar» cuando dijo: «Los sabios son los que buscan la sabiduría; los necios piensan ya haberla encontrado».[7]

---

6 *Martini*, op. cit. Pag 36.
7 Citado por Samuel Vila, *Enciclopedia de citas morales y religiosas*, Editorial Clie, Terrasa, España, 1976, p.389.

El inquieto buscador. El auténtico creyente no es el que se estanca en la aparente paz de haber llegado ya a la meta de su perfección; sino el que busca inquieto día tras día avanzar por los caminos que Dios y su Palabra le señalan como derrotero para llegar a la vida completa. Y no se refugia en una paz aparente, que no exige nuevas luchas y renovados esfuerzos. La paz del espíritu no es un punto de llegada final, sino un estado de ánimo, una vivencia interior, un estilo de vida que hay que buscar incansablemente y conquistar cada día. El salmo 34 nos aconseja:

> *Vengan, hijos míos y escúchenme,*
> *que voy a enseñarles el temor del Señor.*
> *El que quiera amar la vida y gozar de días felices,*
> *que refrene su lengua de hablar el mal*
> *y sus labios de proferir engaños;*
> *que se aparte del mal y haga el bien;*
> *que busque la paz y la siga.* (Salmo 34:11-14).

La estabilidad del cristiano no es una tranquilidad apoltronada y pasiva; ni lo que llamaban ciertos autores espirituales: *una paz beatífica.* El gran maestro espiritual Benito de Nursia estigmatizaba esta clase de acomodo y tibieza espiritual con palabras claras y duras:

> *Los tibios tienen una paz falsa: su vida es un conformismo, no un amor; su Dios es una entidad, no una persona. El fervor auténtico consiste en buscar incansablemente a Dios.*[8]

El verdadero creyente está siempre en marcha, avanzando. El buscador de Dios es un caminante siempre en movimiento.

---

8 Citado por Jean Marie Burucoa: *El camino benedictino*, Editorial Verbo Divino, Estella, Navarra, 1981, p.57.

Buscar es marchar, avanzar. La marcha expresa la vida, y mucho más aún la vida de fe. La orden de Dios a Abraham es: *Deja tu tierra, tus parientes y la casa de tu padre, y vete a la tierra que te mostraré* (Génesis 12: 1). Y así todos los patriarcas y líderes del pueblo de Dios debieron estar listos a seguir el comando del Señor: «¡Marcha!». Moisés entre ellos, cuyo oficio principal fue guiar a su pueblo en la gran marcha del desierto, fuera de la cautividad de Egipto. Los discípulos de Cristo debieron dejar todo y seguirlo.

Marcha ascendente del discípulo. El discípulo es el que sigue al Maestro, que va adelante y muestra el camino ascendente de la vida cristiana. De hecho, el mismo Jesús se identifica como el camino para llegar al Padre, que es como decir la perfección (Juan 14:6), lo cual significa que nuestro camino no tiene fin, al menos en la tierra, porque es el camino de la perfección, inalcanzable en este mundo. Por eso el estancamiento y acomodo contradicen el dinamismo y progreso de la auténtica vida del Espíritu, que siempre nos jalona hacia adelante y hacia arriba. En la vida del espíritu, no avanzar es retroceder. Se trata de estar siempre preparados, listos, con nuestras lámparas encendidas; nunca parados, jamás satisfechos.

> *—Ustedes van a tener la luz solo por un poco más de tiempo ... —les dijo Jesús— [a sus seguidores]. Caminen mientras tienen luz, antes de que los envuelvan las tinieblas. El que camina en las tinieblas no sabe a dónde va. Mientras tienen la luz, crean en ella, para que sean hijos de la luz* (Juan 12:35-36).

En las buenas y en las malas. El verdadero creyente sabe que es un caminante y que le tocará caminar buenas y malas jornadas. Pero no se arredra; está siempre dispuesto a confrontar los riesgos; a salir de la comodidad del camino trillado de la rutina y aceptar los desafíos del trabajo, la vida y ministerio cristiano que Dios le presenta. Sabe que es un camino exigente; pero cuenta con un acendrado sentido de la Providencia, que todo lo dispone para bien. Este mismo sentido le hace consciente de sus fuerzas débiles. Pero ni siquiera esta conciencia lo paraliza, porque posee una fe fuerte y dinámica que lo impulsa a marchar, a atreverse, a seguir adelante en el nombre de Dios.

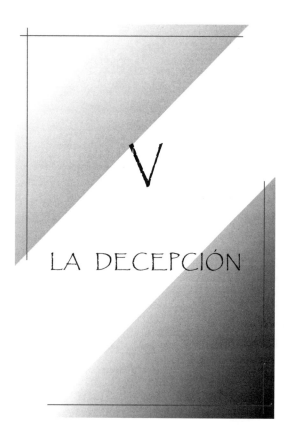

V

LA DECEPCIÓN

LA DECEPCIÓN

I El problema

Definición. El diccionario de la real Academia define la decepción como: «Pesar causado por un desengaño». Y el poeta español José de Espronceda la describe en versos hermosos y elocuentes:

> *Hojas del árbol caídas*
> *Juguetes del viento son:*
> *Las ilusiones perdidas,*
> *¡ay!, son hojas desprendidas*
> *Del árbol del corazón.*[1]

Formas de la decepción. Se puede presentar como desilusión y desengaño; desánimo o duda; sentimiento de fracaso personal; profundo resentimiento ante la incomprensión u oposición. La decepción es una realidad insoslayable, y el solo hecho de ser humanos nos hace vulnerables a ella. En su estado crítico puede convertirse en un síntoma de enferme-

---

1 En *El estudiante de Salamanca*, citado por Samuel Vila, Enciclopedia de citas morales y religiosas, Editorial Clie, Barcelona 1976, p. 119.

dad emocional o mental que puede llevar a un estado agudo de depresión y angustia. Pero puede así mismo convertirse en una tentación al aislamiento, a la huida y abandono de nuestros deberes cotidianos o de nuestros ideales y proyectos.

El creyente y líder cristiano y la decepción. Todos, pero particularmente los que están en posición de dirección y liderato, como son los pastores y ministros y otros dirigentes, están expuestos a sufrir la tentación de la decepción por diferentes motivos: un proyecto que se viene abajo, una persona en quien confiábamos que nos desengaña con su conducta o proceder, críticas justas o injustas a nuestra gestión o ministerio, fracasos ministeriales, ataques del demonio, tentaciones y caídas que nos hacen conscientes de nuestra debilidad, ilusiones deshechas, oposición o incomprensión de otros colegas, superiores o subalternos. Todo esto y mucho más pueden llevarnos al sentimiento de que no vale la pena seguir en el proyecto iniciado, el trabajo emprendido y el mismo ministerio que un día abrazamos con tanto entusiasmo y alegría. Se da también en nuestra vida espiritual, como simples creyentes o miembros de una iglesia o institución. Lo más grave es cuando nos desengañamos de la misma vida cristiana y del compromiso que hemos adquirido con Dios y con Cristo, y corremos el peligro de «irnos al mundo», como llaman muchos al hecho de abandonar la práctica de nuestra fe.

SÍNTOMAS ESPIRITUALES DE LA DECEPCIÓN

Retraimiento: Nos engolfamos en nuestros propios sentimientos y pensamientos negativos, sordos a escuchar la voz de Dios y de quienes pueden ayudarnos.

Ceguera: Se nos cierra el horizonte y el amplio panorama de nuestra vida; las muchas posibilidades de salida y de progreso que la gracia y poder de Dios nos ofrecen.

Insensibilidad a las buenas inspiraciones del Espíritu, que buscan levantar nuestro ánimo decaído y hacernos ver que con la ayuda de Dios podemos salir del problema y seguir adelante.

Huida y deserción: Salimos corriendo, pensando que alejándonos resolvemos la situación. Y el resultado puede ser lo contrario, empeoramos la situación.[2]

Los discípulos de Emaús, ejemplos de decepción. En el capítulo 24 del Evangelio de Lucas tenemos un ejemplo concreto muy elocuente de decepción. Estos dos discípulos de Jesús muy posiblemente lo habían acompañado por largo tiempo en su vida y ministerio. Habían presenciado sus milagros y escuchado sus sermones; habían participado de su trabajo y se habían contagiado en un momento dado del entusiasmo de las multitudes. Pero llegó el viernes de la pasión con sus pruebas y dolores. Y Jesús fue condenado, crucificado y enterrado. Y todo esto fue demasiado para la débil fe y las desmedidas ambiciones y expectaciones de estos dos discípulos. Se derrumbaron decepcionados. Ellos mismos se lo confesaron a Jesús cuando los alcanzó en el camino de Emaús:

> *Nosotros abrigábamos la esperanza de que era él quien redimiría a Israel. Es más, ya hacía tres días que sucedió todo esto...* (Lucas 24:21).

Estamos frente a dos seguidores de Cristo en crisis, derrotados por su propia decepción. Sus gestos y palabras revelan a dos personas frustradas, de ánimo quebrantado. Dice el texto que venían discutiendo en el camino cuando Jesús los alcanzó, y *se detuvieron cabizbajos,* una señal inequívoca de

---

2 Acerca de las diferentes actitudes y reacciones de los discípulos de Cristo frente a su pasión y muerte, véase Littleton, Mark, Jesus *Everything You Need to Know to Figure Him Out*, Westminster John Knox Press, Louisville, 2001, pp.35-44.

su ánimo quebrantado. Vamos a ver que Jesús debe emplear sus dotes de psicólogo consumado, sabio conocedor del alma humana y sus resortes interiores, para sacarlos de tan lamentable estado.

Otro ejemplo de decepción. Al igual que otros muchos pasajes de la Escritura, el capítulo 42 de Isaías nos describe un caso de ceguera y decepción colectiva aplicada al pueblo de Israel:

> *Sordos, ¡escuchen! Ciegos, ¡fíjense bien!*
> *¿Quién es más ciego que mi siervo,*
> *y más sordo que mi mensajero?*
> *¿Quién es más ciego que mi enviado,*
> *y más ciego que el siervo del Señor?*
> *Tú has visto muchas cosas, pero no las has captado;*
> *tienes abiertos los oídos, pero no oyes nada.*
> (Isaías 42:18-20).

Aquí la decepción es de todo un pueblo saqueado, despojado, cautivo, humillado y decepcionado: *Pero éste es un pueblo saqueado y despojado, todos atrapados en cuevas y encerrados en cárceles.* Sin embargo, lo grave es que nadie hace nada: *son saqueados y nadie los libra; son despojados, y nadie reclama* (Isaías 42:22).

Nosotros y la decepción. ¿Quién puede decir que nunca ha sufrido decepciones? ¿Que no ha tenido momentos y circunstancias en la vida, cuando quisiera salir corriendo, abandonar la empresa, el trabajo, el ministerio, aun la familia, el mismo hogar, la iglesia o esa amistad o relación que en algún momento significó tanto para su vida?

II La solución

Doble solución. Una nace de una decisión negativa; otra de una decisión positiva.

Decisión negativa: Los dos discípulos de Emaús inicialmente tomaron una decisión negativa. Huyen. La muerte de Jesús fue demasiado para ellos; se decepcionaron y se precipitaron a tomar la decisión de alejarse. Debieron recordar, antes de hacerlo, todos los anuncios y admoniciones que Jesús les había hecho antes de su muerte, para que esta no los sorprendiera desprevenidos.

> *Presten mucha atención a lo que les voy a decir: El Hijo del hombre va a ser entregado en manos de los hombres ... Lo matarán, y a los tres días de muerto resucitará* (Lucas 9:44; Marcos 9:31-32).

Su determinación de alejarse de Jerusalén, sin atender a la orden del Maestro de quedarse en la ciudad y esperar la llegada del Espíritu Santo, los puso en el camino de la derrota. La decepción no llega sola; nos ciega, nos tapa los ojos al punto que cuando estamos envueltos en ella, como en el caso de estos dos discípulos, ni siquiera reconocemos a quienes nos acompañan o se acercan para brindarnos apoyo. Fue lo que ocurrió en el caso que estamos estudiando. Dice el texto bíblico que *mientras hablaban y discutían, Jesús mismo se acercó y comenzó a caminar con ellos; pero no lo reconocieron, pues sus ojos estaban velados* (Lucas 24:15-16).

Es típico de los que están en este problema el echarle la culpa a otros. Los dos discípulos, además de desconocer a Jesús, lo criticaron echándole la culpa de su decepción. Habían confiado en él como el que venía a redimir a Israel;

y resucitaría para comprobar su misión. Pero ya hacía tres días que había sucedido todo, y lo único que tenían era el testimonio de unas mujeres que fueron al sepulcro y no hallaron su cuerpo. El caso concreto —decían— es que ni las mujeres, ni los otros que fueron después al sepulcro, aunque lo encontraron vacío, vieron a Jesús resucitado. (Lucas 24: 21-24). Por estar encerrados en sus razonamientos de frustración humana, no dieron tiempo al cumplimiento de los planes divinos ni percibieron los signos de la resurrección —la gran piedra removida, la tumba vacía y las sábanas dobladas a un lado— ni creyeron el testimonio de las mujeres.

Resultados de la decepción: Dar la espalda a la comunidad de creyentes; desconocer a Jesús; cerrarse a su presencia, su voz y enseñanza.

Decisión positiva: Alguien debe poner atención, abrir los ojos, escuchar a Dios; salir de la cueva del presente confuso y frustrante y tener una visión del futuro, en la que aparece Dios: «*¿Quién de ustedes — dice el Señor— escuchará esto y prestará atención en el futuro?*» En alguna parte debe aparecer el Señor. El enemigo tiene mucho interés en que no lo descubramos, que sigamos enroscados en nuestra frustración, con la cabeza gacha, como los discípulos de Emaús. Pero el Señor nos convida, por el contrario, a levantar la mirada para descubrirlo a él:

> *Pero ahora, así dice el Señor, el que te creó, Jacob, El que te formó, Israel: «No temas, que yo te he redimido; te he llamado por tu nombre; tu eres mío. Cuando cruces las aguas, yo estaré contigo; cuando cruces los ríos, no te cubrirán las aguas; cuando camines por el fuego, no te quemarás ni te abrasarán las llamas. Yo soy el Señor, tu Dios, el Santo de Is-*

rael, tu salvador... No temas, porque yo estoy contigo...» (Isaías 43:1-5).

Estamos hablando aquí del que *abrió un camino en el mar, una senda a través de las aguas impetuosas* (Isaías 43:16). Se trata de buscar a Dios, confiar en su ayuda, según nos lo dicta nuestra fe y nuestra experiencia del pasado.

Conversión de los discípulos de Emaús: decisión positiva. Dice el Evangelio que al llegar a casa, algo impulsó a los dos discípulos de Emaús a invitar a Jesús a entrar. En cierto modo Jesús provocó la invitación, pues hizo como si fuera a seguir de largo. Es bien evidente que el Espíritu se introdujo en el asunto, inspirando de alguna manera a los dos discípulos decepcionados a invitar a Jesús: —*Quédate con nosotros, que está atardeciendo; ya es casi de noche.* Esta invitación, que puede interpretarse como una oración sencilla y sentida, fue la salvación. Y a la vez el principio de la solución a su problema de decepción y derrota.

«*Quédate con nosotros, Señor*» es una frase que, además de ser una hermosa y sencilla oración, encarna la convicción de que solos no podemos resolver nuestro problema de decepción. Es como la respuesta a la afirmación hecha por Jesús: *Separados de mí ustedes no pueden hacer nada* (Juan 15:5). A la vez es una confesión de nuestra imposibilidad para resolver solos el problema. Y este acto de genuina humildad y reconocimiento de nuestra limitación invita la acción de la gracia divina. Es como abrir campo a la acción de Dios. Pero él espera este reconocimiento y esta invitación. En muchos casos es lo único que podemos hacer, aunque después se nos puede abrir un panorama de posibilidades y recursos. Pero este es el principio: abrir campo a la acción de Dios y de Cristo en nuestra vida, en nuestro problema. Y como vemos, esta es una de las prerrogativas básicas de la oración. Necesitamos recitar de corazón esta oración u otra semejante: «Quédate conmigo, Señor, porque me siento mal, porque te he fallado, porque he fracasado, porque la gente no responde; porque no me comprenden; porque me siento triste, débil, pecador, porque mi hogar no funciona», etc. etc.

Mirar al futuro con ojos de fe. Debemos romper el horizonte limitado de nuestra propia percepción del problema; de nuestros criterios, emociones y sentimientos que nos sepultan en la convicción errónea de que ya todo está perdido y no hay esperanza. En lugar de dejarnos abrumar por los fracasos del pasado, abrirnos a las esperanzas del futuro. Si hoy nos fue mal o regular, mañana nos puede ir mejor. Los fracasos de ayer o de hoy, pueden ser enseñanzas para mañana.

> *Olviden las cosas de antaño;*
> *ya no vivan en el pasado;*
> *¡Voy a hacer algo nuevo!*
> *Ya está sucediendo, ¿no se dan cuenta?*
> *Estoy abriendo un camino en el desierto,*
> *Y ríos en lugares desolados* (Isaías 43:18-19).

Dejar de confiar solo en nosotros. Nuestros recursos y habilidades son limitados. Otros tienen lo que nos falta. Debemos aprender a acudir a otros oportunamente, humildemente. La asistencia y consejo de otros más experimentados pueden ser una ayuda muy valiosa en los momentos de decepción. Y especialmente reclamar y utilizar los recursos de la gracia que nos proporciona la fe. Dios puede ayudarnos; quiere ayudarnos. Si nos ha colocado en una posición o ministerio, nos dará los recursos y dones que necesitamos para cumplirlo. Por eso es un buen negocio y estrategia aprender a confiar en él, en la dirección de su Espíritu. No debemos olvidar que somos solo servidores del Señor y servidores de nuestros hermanos.

Reconocer lo que somos y lo que no somos. Somos servidores del Señor. Es él quien decide, da las órdenes y hace los planes. Lo que ahora nos parece fracaso o derrota puede convertirse en éxito si nos confiamos a los designios inescrutables de Dios y nos ponemos en sus manos, a su disposición. No busquemos sobreponer nuestro juicio a los juicios de Dios, ni nuestros planes a sus planes:

Porque mis pensamientos nos son los de ustedes;
Ni sus caminos son los míos —afirma el Señor—.
Mis caminos y mis pensamientos son más altos que
los de ustedes;¡más altos que los cielos sobre la tie-
rra! (Isaías 55:8-9).

Alargar nuestra mirada con visión de profeta para descubrir lo que está más allá de los fracasos, frustraciones y decepciones de hoy. Descubrir en todo la mano de Dios. Dejar que el Espíritu alargue nuestra mirada. Esto es lo que se llama ser una persona o un líder visionario con visión del poder de Dios y de la acción del Espíritu. Aprender del campesino que, después de un año de sequía o de una mala cosecha, regresa con ánimo renovado y nuevos bríos a sembrar de nuevo, esperando que esta vez se verán mejores frutos.

VI

LA SEDUCCIÓN

LA SEDUCCIÓN

Definición. Seducir es engañar con arte y maña; persuadir suavemente al mal.[1] Esta definición de carácter negativo, como si la seducción fuera siempre mala, se complementa con una segunda definición del mismo diccionario de la Real Academia: «embargar o activar el ánimo»; y la del Diccionario Pan-hispánico de dudas: «atraer, persuadir a alguien hasta rendir su voluntad».[2]

Hay, pues, en la seducción, una suplantación de voluntad, un elemento externo a nosotros, persona o cosa que nos atrae, cautiva y termina atrapándonos o imponiéndose a nuestra voluntad. El pecado tiene siempre un elemento seductor; pero hay pecados que tienen especial atractivo para determinadas personas. Nuestra constitución moral, sicológica y espiritual parece estar propensa a determinadas tentaciones y seducciones. En otras palabras, hay pasiones, vicios y pecados que apelan más a unos que a otros. Por eso los expertos en espiritualidad nos aconsejan descubrir lo que ellos llaman *la pasión dominante.* J. Joubert afirma:

---

1 *Diccionario de la lengua española*, Real Academia Española, 1984, t. II p. 2228.

2 *Diccionario Pan-hispánico de dudas*, Real Academia Española, Bogotá, 2005, p 592.

> *Nosotros gastamos en nuestras pasiones el noble tejido que se nos ha dado para arropar nuestra felicidad.*[3]

Y F. La Rochefoucauld escribió en su libro de reflexiones morales:

> *Las pasiones son los únicos oradores que convencen siempre.*[4]

El poder de la seducción. Como ya podemos adivinar, las pasiones y apetitos se juntan para seducirnos, y su atracción es poderosísima. San Juan de la Cruz, místico, poeta y escritor espiritual de la época de oro de la lengua española, dice:

> *Los apetitos son como unos hijuelos inquietos y de mal contento que siempre andan pidiendo a su madre uno y otro y nunca se contentan. Y como el enfermo de calentura que no se halla bien hasta que se le quita la fiebre, y a cada rato le crece la sed.*[5]

Las Escrituras nos hablan en formas diversas de este poder de la seducción, encarnado en objetos y personas, que se manifiesta en formas diferentes. El libro de los Proverbios tiene capítulos enteros para mostrarnos los artilugios de la seducción. Por ejemplo, el capítulo siete nos advierte sobre el poder seductor de la *mujer mala de solapadas intenciones*. Después describe gráficamente su estrategia de conquista, que en realidad vale también para los hombres seductores:

---

3 *Pensées*, titre V,3
4 F. La Rochefoucauld, *Reflexions et maxims morales*, VII.
5 San Juan de la Cruz, *Avisos y sentencias espirituales*, 136.

Unas veces por las calles, otras veces por las plazas, siempre está al acecho en cada esquina. Se prendió de su cuello, lo besó, y con todo descaro le dijo: «Tengo en mi casa sacrificios de comunión,... Sobre la cama he tendido multicolores linos egipcios. He perfumado mi lecho con aroma de mirra, áloe y canela. Ven, bebamos hasta el fondo la copa del amor; ¡disfrutemos del amor hasta el amanecer!... Con palabras persuasivas lo convenció; con lisonjas de sus labios lo sedujo. Y él, en seguida fue tras ella, como el buey que va camino al matadero; como ciervo que cae en la trampa, hasta que una flecha le abre las entrañas; como el ave que se lanza contra la red, sin saber que en ello le va la vida (Proverbios 7:12-23).

El profeta Isaías, en su juicio sobre Jerusalén y Judá, repudia a las hijas de Sión por su orgullo y vanidad, quienes utilizan para seducir las siguientes actitudes:

«...caminan con el cuello estirado, con ojos seductores y pasitos cortos, haciendo sonar los adornos de sus pies. Por eso el Señor cubrirá de sarna la cabeza de las hijas de Sión; el Señor las dejará completamente calvas» (Isaías 3:16-17).

El gran seductor.[6] Desde el paraíso, en la primera tentación y caída del hombre, Satanás o el diablo aparece en las Escrituras como el gran seductor, el que incita al mal, el que promueve el pecado. La tradición cristiana, conforme a lo afirmado en las Sagradas Escrituras, ha identificado siempre al diablo como el instigador del mal. Los manuales catequís-

---

6 Un amplio y profundo estudio sobre el Diablo puede leerse en la obra de Herbert Haag: «El Diablo» (Su existencia como problema), Editorial Herder, Barcelona, 1978.

ticos o confesiones de fe de las diversas denominaciones cristianas así lo enseñan. Citemos solamente, a manera de ejemplo, el Catecismo de Heidelberger, que representa casi en su totalidad el pensamiento cristiano protestante y evangélico:

> *Ante el relato de la caída, tenemos que precavernos de explicar la culpa del hombre por la seducción de la serpiente. Puede afirmarse con seguridad que la figura de la serpiente era Satán, quien hablaba a Eva. La serpiente no era un simple animal del campo, sino que bajo ella se ocultaba el diablo.*[7]

Por otra parte, el pensamiento católico-romano puede estar representado en esta cita de la encíclica *Mysterium salutis:*

> *No se puede poner en duda la existencia del diablo en el Nuevo Testamento, dada la frecuencia con que se le nombra y la claridad con que aparece en la doctrina y la vida de Cristo. Nunca y en ningún lugar se niega su existencia, y en todas partes se le presenta como un hecho con el que hay que contar.* [8]

La acción de Satanás. Los escritores neotestamentarios proclaman la acción salvadora de Jesús como la batalla divina decisiva contra el poder del mal. (véanse Marcos 1:23-25, 39; 4:39). El reino de Dios que ha llegado con Jesús (Lucas 11:20) quebranta el poder de Satán, de suerte que ahora se abre a todos los hombres la posibilidad de huir del mal.[9] Esta convicción clara y unánime de todos los escritores del Nuevo

---

7 *Heidelberger Katechismus de 1563.* El catecismo más importante y difundido, cuya posición teológica representa a los protestantes salidos de la Reforma del siglo XVI.
8 *Mysterium Salutis II,* Einsiedeln, 1967 Cristiandad, Madrid. pp. 996-1019.
9 Véase Lc 10:18; Hech 26: 18; Ap 12:10.

Testamento parece dejar totalmente resuelta la cuestión de la esencia y la acción de Satán. Y no solo resuelta, sino que las afirmaciones del Nuevo Testamento indican de forma inequívoca que el diablo no está en modo alguno dispuesto a renunciar a la lucha y entregar los hombres a Dios. Aunque su tentativa, como el gran seductor y tentador, de acabar con el mismo Jesús fracasó[10], no ha disminuido su odio a los habitantes de la tierra (Apocalipsis 12:12, 17). Cuando no puede ahogar o falsear en sus comienzos el mensaje de salvación divina,[11] intenta, ya sea por medio de las seducciones mundanas (Lucas 8:11-14), o por rudas amenazas (Apocalipsis 2:9ss; 2 Tesalonicenses 2:9), inducir a la apostasía a cuantos reciben la fe, para poder aniquilarlos (1 Pedro 5:8). Blanco preferido de sus invectivas y tentaciones son los que Dios ha puesto en eminencia, o a quienes ha confiado el cuidado de su grey.

Por eso sería funesto que, después de haber recibido y aceptado el mensaje de salvación, el creyente descuidara la vigilancia y abandonara, aunque fuera sólo por poco tiempo, la lucha contra el diablo. Esta advertencia es todavía más importante para quienes ejercen liderato en el ministerio de la iglesia y sus instituciones.

> *Por tanto, fortalézcanse con el gran poder del Señor. Pónganse toda la armadura de Dios para que puedan hacer frente a las artimañas del diablo* (Efesios 6:10-13).

> *Así que sométanse a Dios. Resistan al diablo, y él huirá de ustedes* (Santiago 4:7).

---

10 Véase Mt 4:1-11;Lc 22:3; 1 Cor 2:8 ss;15: 55; Ap 12:13 ss.
11 Véase Mc 4:15; 1 Tes 2:18; 2 Cor 11:13-15.

Las seducciones que más acosan al creyente. Hay muchas clases de seducciones. Queremos hablar más de estas en los capítulos subsiguientes, específicamente de las que más comúnmente atraen y atacan al creyente, líder y ministro cristiano, entre otras, la seducción del sexo, del poder y del dinero.

VII

LA SEDUCCIÓN DEL SEXO

LA SEDUCCIÓN DEL SEXO

Debilidad de los ojos. En la tentación y pecado carnal o sexual toman parte varios de nuestros sentidos; pero la parte inicial y principal la tienen los ojos. David, el valiente y hábil guerrero, elocuente y de buena presencia (1 Samuel 16:18), cayó por la debilidad de sus ojos, cometiendo el doble pecado de adulterio y asesinato. La Biblia nos invita frecuentemente a levantar los ojos y a cuidar nuestras miradas para no dejarlos vagando por los atractivos corporales humanos, que inducen a tentación. Y es que nuestra mente y corazón se alimentan con lo que nuestros sentidos les proporcionan.

El pecado de la carne nos degrada más que ningún otro pecado. El caso de David es patético. El valiente domador de fieras y poderoso vencedor del gigante Goliat se deshace y debilita ante el cuerpo voluptuoso de una mujer. El inspirado y santo cantor y profeta, cae al abismo del pecado de adulterio y homicidio, traicionando a Dios y a su amigo. De siervo agradable a Dios (1 Samuel 16:18), se convierte en el pecador contrastado por Dios en su pecado a través del profeta Natán (2 Samuel 12:1)[1]. Y es que las tentaciones y

---

1 Véanse todos estos contrastes ampliados y explicados en los libros David pecador y creyente, de Carlo María Martín (Editorial Sal Térrae, Santander, España, 1989) y *Los defectos de los santos*, de Jesús Arteaga Loidi, Ediciones Rialp S.A., Madrid, 1966, pp. 117-134.

pecados de la carne nos enceguecen y obcecan al extremo. David es un patético ejemplo: el portentoso guerrero, modelo caballeresco del pueblo, se precipita a lo más hondo de la vileza y la traición. Ha violado lo más sagrado de la unión matrimonial de Urías y su esposa, y termina sacrificando vilmente a su amigo, enviándolo a la muerte. Su carta a Joab revela la degradación de su corazón:

> *«Pongan a Urías al frente de la batalla, donde la lucha sea más dura. Luego déjenlo solo, para que lo hieran y lo maten»* (2 Samuel 11:15).

El proceso del pecado. La historia del pecado de David nos muestra el proceso del mismo, desde la tentación hasta la caída y sus consecuencias. Todo comenzó con una mirada curiosa:

> *«Una tarde, al levantarse David de la cama, comenzó a pasearse por la azotea del palacio, y desde allí vio a una mujer que se estaba bañando. La mujer era sumamente hermosa, por lo que David mandó que averiguaran quién era»* (2 Samuel 11: 2).

David da cabida a la tentación por la ligereza de su conducta. Comete dos graves errores: primero permitirse la mirada curiosa que luego se convierte en mirada de lascivia: Luego da pábulo a su curiosidad malsana, averiguando por la mujer.

La imprudencia se hace mayor cuando David manda por la mujer (11:4). De ahí a caer en la tentación solo queda un paso, que en el caso de David, con autoridad de un rey, le fue muy fácil darlo. Ahora David deberá afrontar las consecuencias. Todo pecado tiene consecuencias. La mujer queda encinta.

Consecuencias del pecado. Todo pecado tiene consecuencias. Una de las más graves es que lleva a otros pecados: pecado de disimulo, mentira, ocultamiento, engaño y aún más graves como en el caso de David: traición, y asesinato, para tapar su caída. El egoísmo del proceder de David es típico del pecador no arrepentido. Quiere ocultar a toda costa su debilidad.

Conflicto de valores. El pecado nos coloca en una posición incómoda y difícil de conflicto de valores. En el caso de David podemos descubrir que estos valores son: la honorabilidad del rey, la madre y su hijo y el amigo. El pecador, como David, debe confrontar situaciones similares donde no sabe qué hacer. Pasa de un valor a otro sin querer renunciar a ninguno. Esto es el pecado, el desorden, ponernos en una situación conflictiva interior y exterior a la que se llega por ligereza, negligencia, malicia o falta de atención; una situación que se complica de momento hasta hacerse prácticamente insoluble. Y al fin no hay más remedio que sacrificar unos valores por otros. David, después de una noche de cavilación tormentosa, decide sacrificar al amigo, solución quizá muy conveniente para él, pero desastrosa e injusta para el amigo inocente. En realidad David quiere lavar un pecado con otro más horrendo. Y al final los otros valores que pretendía conservar son sacrificados. La gente se mofa del rey, y su respetabilidad queda por el suelo; y el escándalo toca a la mujer y su criatura.

Auto-legitimación del pecador. Todo ocurrió según lo planeado. Un mensajero comunica a David el curso de la batalla, y como entre los muchos sacrificados, *también ha muerto Urías el hitita, siervo de Su Majestad* (v. 24). David entonces se tranquiliza y envía a decir a Joab que *no se aflija tanto por lo que ha pasado, pues la espada devora sin discriminar.* Quiere tranquilizarse y tranquilizar a su cómpli-

93

ce. Se encierra en su pecado, convencido de que no podía haber obrado de otro modo. Se está auto-legitimando, como frecuentemente hacen los pecadores. Buscan disculpas, pretextos, explicaciones y justificaciones. Este es el principio de una caída por el desfiladero sin fin del vicio o de la infidelidad a nuestros votos, promesas y deberes. Si no encontramos salida y descubrimos lo torcido de nuestro proceder, seguiremos precipitándonos al abismo del pecado disimulado y consentido y podemos llegar, como muchos han llegado, a sacrificar nuestro nombre, integridad y prestigio. De ahí a perder nuestra reputación y posición y nuestro hogar y ministerio hay solo un paso.

Encerrados en la culpa. La situación de David es típica del pecador que no encuentra inicialmente salida a su culpa y se queda encerrado en su pecado, convencido de que no puede haber obrado de otro modo. David se olvidó de quién era, como elegido de Dios, con una responsabilidad no sólo con su Creador y Señor sino con su pueblo. Se olvidó de los bellos cantos que había compuesto en alabanza de su Dios. Se olvidó de usar el recurso de la oración. En toda esta triste historia nunca se menciona que David acudiera a su Dios u orara en ningún momento. En realidad David se había olvidado de Dios mismo. Y esto es lo peor que le puede pasar a un siervo de Dios, porque queda a la disposición del enemigo. Sin embargo, sí hay salida.

El arrepentimiento. David llegó a pensar que estaba solo en su pecado y que ni siquiera Dios podía echarle la mano. Lo vemos, pues, muy lejos del espíritu de fe, humildad y confianza en Dios que le era propio. Y también este sentimiento de abandono de Dios es parte de la estrategia del demonio. Allá nos puede llevar el pecado para conducirnos de caída en caída, de un error a otro. Afortunadamente, así como hemos aprendido en la caída de David, podemos aprender en su restauración. En el capítulo 11 de 2 Samuel, Dios vuelve a tomar el hilo de la historia, y lo hace enviando a su profeta y consejero, Natán (12:1).

Ministerio restaurador de Natán. Este profeta enviado por Dios comienza su ministerio de restauración con David, convenciéndolo de su pecado, narrándole una hermosa parábola, que pone frente a David la terrible injusticia que él, el rico y potentado, ha cometido con su servidor y amigo indefenso Urías. David recapacita. Dios le libera de su ceguera usando su infinita bondad y su finura sicológica. Apela al David de corazón delicado y justo. Al escuchar al profeta y la parábola del despojo que el rico hace al pobre hombre de su ovejita, David se enciende en ira ante semejante injusticia. Es entonces cuando Natán confronta a David con su propia realidad pecadora: —*¡Tú eres ese hombre! ...¿Por qué, entonces, has menospreciado la palabra del Señor haciendo lo que me desagrada?* [a Dios] (12:7-9).

Confesión y restauración. David despierta de su terrible pesadilla en la que lo ha envuelto el enemigo de su alma, y reconoce su mal proceder: *¡He pecado contra el Señor!* (v.13). Vuelve a ser el hombre de corazón humilde y sincero. Natán le anuncia el perdón de Dios, aunque su pecado tendrá consecuencias: el niño de Betsabé morirá, para dolor de David.

Reconocernos en David.[2] David es un elocuente ejemplo de seducción. Todos podemos reconocernos en él, en su tentación, en su debilidad y en su pecado; y ojalá también en su arrepentimiento y restauración. La historia de su caída nos enseña cómo, a partir de un pequeño descuido, podemos hundirnos en grandes pecados. Nos recuerda que nunca debemos apartar nuestra mirada de Dios y cómo debemos cuidar

---

2 Martini, op. cit p.70.

nuestros sentidos, nuestras emociones y nuestro corazón. Un corazón limpio es garantía de una mente y un cuerpo limpios. Debemos cultivar permanentemente la pureza del corazón, porque es de allí —según el Maestro— de donde surgen *los malos pensamientos, los homicidios, los adulterios, la inmoralidad sexual, los robos, los falsos testimonios y las calumnias* (Mateo 15:19).

Remedios. Hemos hablado de algunos remedios preventivos, que hemos resumido en *vigilancia y oración.* Citemos ahora algunos remedios curativos y restaurativos.

1. Salir de la situación de tentación que nos ha hecho caer. No contemporizar con el pecado. Huir de las ocasiones de pecar; rechazar la tentación desde su inicio.
2. Buscar consejo. No quedarnos solos con nuestro pecado. Sincerarnos con Dios y con algún siervo confiable que nos ayude y aconseje.
3. Confesar nuestra falta. Véase el Salmo 32, que describe el proceso psicológico-moral y espiritual del pecador, desde su estado lastimoso de postración hasta el hallazgo de una salida a su mal.

Mientras guardé silencio, mis huesos se fueron consumiendo por mi gemir de todo el día. Mi fuerza se fue debilitando como calor de verano, porque día y noche tu mano pesaba sobre mí.
Pero te confesé mi pecado y no te oculté mi maldad. Me dije: «Voy a confesar mis trasgresiones al Señor», y tú perdonaste mi maldad y mi pecados (Salmo 32: 3-5).

Esto es lo que algunos autores llaman «el ministerio de las lágrimas»,[3] lo cual es ciertamente bíblico. No sólo David, sino también Pedro restaura su vida con las lágrimas. También María la pecadora recompone su vida con lágrimas en la casa de Simón. Estas son muestras externas del arrepentimiento de corazón.

4. Proponernos no volver a caer y pedir la gracia de Dios para cumplir lo prometido. Esta es una lucha permanente, porque el enemigo no duerme. Pero contamos con Dios y su poder, con Cristo y su ayuda y con la permanente asistencia del Espíritu Santo.

5. Ser fuertes en resistir la tentación, persistentes en la lucha y en la oración, huyendo de toda ocasión de pecado. Así ganaremos la victoria, según las promesas:

Y después de que ustedes hayan sufrido un poco de tiempo, Dios mismo, el Dios de toda gracia que los llamó a su gloria eterna en Cristo, los restaurará y los hará fuertes, firmes y estables (1 Pedro 5: 10).

David restaurado. Arrepentido y perdonado, vuelve a la casa del Señor y reemprende su camino de rey, cantor y profeta, confesando las glorias del Dios misericordioso. El David restaurado lo descubrimos en las palabras del Salmo 32:

Dichoso aquel a quien se le perdonan sus transgresiones, a quien se le borran sus pecados. Dichoso aquel a quien el Señor no toma en cuenta su maldad y en cuyo espíritu no hay engaño. Mientras guardé silencio, mis huesos se fueron consumiendo por mi gemir de todo el día. Mi fuerza se fue debilitan-

---

3 Véase Jesús Urteaga Loidi, *Los defectos de los santos*, Ed. Rialp, S.A., Madrid, 1966 pp.120-121.

do como el calor del verano, porque día y noche tu mano pesaba sobre mí. Pero te confesé mi pecado, y no te oculté mi maldad. Me dije: «Voy a confesar mis transgresiones al Señor», y tú perdonaste mi maldad y mi pecado. (Salmo 32: 1-7).

De ahí en adelante David es un siervo fiel; revive su íntima amistad con su Creador y retoma su papel de antecesor del Mesías, elegido por Dios para ser el depositario de las promesas mesiánicas:

...dile a mi siervo David que así dice el Señor Todopoderoso: "Yo te saqué del redil para que, en vez de cuidar ovejas, gobernaras a mi pueblo Israel. Yo he estado contigo por dondequiera que has ido, y por ti he aniquilado a todos tus enemigos. Y ahora voy a hacerte tan famoso como los más grandes de la tierra (2 Samuel 7:8-9).

El mejor legado de David. Fue precisamente el que dejó a su hijo Salomón, cuando estaba próximo a morir:

...¡Cobra animo y pórtate como hombre! Cumple los mandatos del Señor tu Dios; sigue sus sendas y obedece sus decretos, mandamientos, leyes y preceptos, los cuales están escritos en la ley de Moisés. Así prosperarás en todo lo que hagas y por dondequiera que vayas (1 Reyes 2:2-3).

VIII

LA SEDUCCIÓN
DEL PODER

LA SEDUCCIÓN DEL PODER

Definición. El Diccionario de la Real Academia define *poder* como «dominio, imperio, facultad y jurisdicción que uno tiene para mandar o ejecutar una cosa».[1] La noción de poder en la Biblia es amplia y variada. En el griego se identifica con la palabra *éxousía*, que no tiene equivalente en el hebreo, y se traduce en el campo profano como «posibilidad, derecho, libertad, autoridad». Casi siempre implica la noción de «estar en manos de uno».[2] Dios es la fuente última y definitiva de poder. Todos los demás poderes individuales o colectivos, religiosos o políticos, vienen de Dios y son delegados. Por lo tanto, deben ejercerse según sus directivas y reglas. Es lo que quiso decir Jesús a Pilato cuando este arguyó en su juicio de condenación a muerte su poder de gobernante para salvar o condenar a Jesús: *No tendrías ningún poder sobre mí si no se te hubiera dado de arriba* (Juan 19:11).

El estilo cristiano de poder. Hay muchas formas y estilos de ejercer el poder; el estilo cristiano excluye todo dominio. Tenemos un pasaje de los Evangelios que ilustra la forma de gobernar y ejercer poder, según los criterios de Cristo. El pasaje en el Evangelio de Marcos 10:35-45 nos narra la

---

1 Diccionario de la Real Academia, tomo II, Madrid 1984, p. 1079.
2 Véanse 2 Sam 24:14; 1 Cr 29:12; 2 Cr 20:6; Job 10:7.

controversia que se formó entre los discípulos cuando descubrieron que la madre de los hijos de Zebedeo —Santiago y Juan— y ellos mismos pidieron a Jesús una posición de honor y poder a su diestra y siniestra en su reino. Jesús les responde que él no está repartiendo puestos o posiciones; eso se lo deja al Padre. Y cuando ve el disgusto que se suscita contra los dos hermanos ambiciosos, les da esta sabia lección que define de una vez por todas, la nueva filosofía del poder y autoridad en su iglesia:

> —*Como ustedes saben, los que se consideran jefes de las naciones oprimen a los súbditos, y los altos oficiales abusan de su autoridad. Pero entre ustedes no debe ser así. Al contrario, el que quiera hacerse grande entre ustedes deberá ser su servidor, y el que quiera ser el primero deberá ser esclavo de todos. Porque ni aun el Hijo del hombre vino para que le sirvan, sino para servir y para dar su vida en rescate de muchos* (Marcos 10:42-45).

El forcejeo por el poder. Este forcejeo por el poder y primacía en la iglesia no es nada nuevo. Se ha dado desde el principio y sigue vigente hoy en día. El gusanillo de la vanidad y orgullo que picó a los discípulos sigue hoy provocando rencillas, envidias y rivalidades en todos los medios sociales, económicos y políticos, y, lo que es más triste, en el seno de las comunidades cristianas, especialmente entre sus líderes y directivos. ¿Quién es el más importante? ¿Quién merece más honor y distinción? ¿Quién tiene más poder de decisión? Voltaire, conocedor como nadie del alma humana, escribió que «la pasión de dominar es la más terrible de todas las enfermedades del espíritu humano».[3] En la narra-

---

3 *Questions sur les miracles*, XIII, citado por Samuel Vila, Enciclopedia de citas morales y religiosas Ed. Clie, Barcelona, 1976, p 300.

ción de los Hechos de los Apóstoles descubrimos que ya en la Iglesia de Jerusalén había diversos grupos que pretendían normar la vida de los demás, según sus ideas y preferencias. Se nos menciona, por ejemplo, a *los defensores de la circuncisión,* que atacaron a Pedro porque se permitía entrar a casa de incircuncisos y comer con ellos. (Hechos 11:2ss). Estos eran grupos de tendencias más rigoristas encabezados probablemente por Santiago (véanse Gálatas 2:12; Hechos 15:1). Por otro lado tenemos a un grupo más abierto representado indudablemente por Pablo, Bernabé y el mismo Pedro, que favorecía el ingreso de los paganos a la iglesia sin imponerles exigencias de tipo legal, tales como la circuncisión, los ritos de purificación, etc.

El pecado de la ambición. La ambición es un término que viene del latín ambire: ir alrededor, cercar, intrigar por algo. En efecto, se pueden ambicionar muchas cosas: dinero, poder, honores, puestos, etc. Y la misma palabra puede entenderse de diferentes formas, algunas positivamente: nobles ambiciones o justas ambiciones. Pero en términos generales, la ambición tiene significado negativo y representa un vicio, deseo o apetito desordenado de honores o poder. Aunque no es lo mismo, tiene estrecha relación con la vanagloria, que es el deseo desordenado de manifestar la propia excelencia. Sin embargo, estos dos vicios se hermanan y manifiestan juntos. El ambicioso es por lo general jactancioso. Tres son las manifestaciones desordenadas de la ambición: (a) el deseo desproporcionado de que nuestros méritos sean reconocidos; (b) la búsqueda de nuestra propia gloria con detrimento de la gloria de Dios; (c) la búsqueda del honor por el honor en sí mismo, sin consideración del bien o mal que ello signifique a los demás.

La ambición: sus orígenes y sus causas. La ambición es hija legítima de otros vicios, especialmente del *orgullo o* *la soberbia.*[4]   La ambición es un ejercicio de futilidad inútil y agotadora del espíritu, que provoca en quien la padece un deseo insaciable de dignidades y honores. Siempre se quiere más, aunque se esté íntimamente convencido de que no se merecen. Por eso la ambición lleva a la injusticia cuando se pretende usurpar a otros lo que ellos sí merecen, sean cargos, honores o bienes. Por otra parte el ambicioso, al no tolerar que otros sean más honrados, cae en el pecado de la envidia.

La ambición, pecado de todos. La ambición ataca a todos, pero de manera especial a los que han adquirido una posición elevada en el campo social o político, y —lo que es más grave aún— el religioso y espiritual. Es un pecado frecuente en los rangos del liderato, incluyendo el liderato cristiano. El gran padre de la Iglesia San Ambrosio dice al respecto:

> *La ambición es el más peligroso de los vicios porque dulcemente te invita y suavemente te atrae a las dignidades. De modo que a menudo sucede que los que no fueron contaminados con la lujuria, ni dominados por la avaricia, ni abatidos por otros vicios, finalmente, hechos esclavos de la ambición, se volvieron culpables ante Dios.*[5]

La ambición y la magnanimidad. La ambición puede considerarse una falsificación de la magnanimidad, que es la virtud que nos saca de nuestro egoísmo e interés limitado para buscar todo lo que es honorable y grande y reporta el bien para otros. Mientras la magnanimidad aspira a las buenas acciones y las promueve, a las grandes virtudes, sin buscar el honor o provecho propios, la ambición hace ostentación de

---

4 Tomás de Aquino, In 1 ad Cor., c. 113, 1.2.
5 Ambrosio de Milán , In Luc., 1,4, c. 4: Pl 15, 1621

aparentes nobles sentimientos y nobles propósitos, solo para alcanzar el propio reconocimiento y el personal honor y gloria para sí mismo.

El Mesías y las ambiciones de los discípulos. Como sabio maestro, Cristo parte de las experiencias y vivencias de sus apóstoles, sus discordias y ambiciones, para trasmitir sus enseñanzas sobre la autoridad y el poder en su reino. Esta enseñanza nos la conserva en forma de diálogo didáctico Marcos 10:35-45. Es evidente que el grupo cercano de discípulos ya había reconocido a Jesús como el Mesías esperado, que llegaba con poderes prodigiosos a construir su reino. En lo que están todavía un poco equivocados es en la clase de reino que Cristo va a instaurar. Saben que el Mesías tendrá poder para ordenar y juzgar, y ellos quieren participar de este poder. Los hijos de Zebedeo buscan «madrugarle» a los demás, y piden los asientos preferenciales al lado de Jesús. Les ha picado el delirio de grandeza, y no solo a los dos. En Marcos 9: 33-37 se narra la disputa sobre quién era el más importante. Jesús tuvo que llamarles la atención con una sentencia terminante y clara: *Si alguno quiere ser el primero, que sea el último de todos y el servidor de todos.*

Criterios mundanos del poder y autoridad. La actitud de los discípulos no es extraña en un mundo donde la ambición de poder estaba tan arraigada en la sociedad y en el corazón mismo de las personas. Por algo en varios de los mandamientos del decálogo, y en multitud de pasajes, se busca frenar esta ambición desordenada: *No codicies la casa de tu prójimo ... No codicies su esposa, ni su esclavo...* (Éxodo 20:17*). No codicies la plata y el oro* (Deuteronomio 7:25*).* Los apóstoles son hijos de su tiempo, cuando el poder se conseguía a través de las buenas relaciones y compadrazgos. Para ser sumo sacerdote u ocupar algún puesto de jerarquía en el escalafón político, religioso o social, debía cultivarse una cercana relación de amistad con las autoridades romanas. Fue así como llegó Herodes a ser rey. En el caso del grupo apostólico, Santiago y Juan, hijos de Zebedeo, cultivaron una relación cercana con Jesús y quisieron aprovecharse de la misma para conseguir poder. Desafortunadamente para ellos, encontraron que Jesús no funcionaba de esta manera, y su filosofía del poder y de la autoridad tenía otros planteamientos que contradecían los postulados mundanos vigentes. Con él no funcionaban los «amiguismos», influencias o adulaciones. Ni siquiera las riquezas o el poder económico.

Las dos partes de la narración. La narración muestra dos partes bien claras: (a) vv. 35-40 tratan de *los puestos de honor en la gloria celeste;* (b) vv. 41-45 se ocupan de *los rangos y jerarquías de poder en la comunidad.* Veamos cada sección más en detalle.

Los puestos de honor (Marcos 10: 35-40). La respuesta de Cristo a las pretensiones de los dos Zebedeos de sentarse en asientos reservados a su derecha e izquierda es un rotundo rechazo a la visión muy común de asociar la autoridad con los privilegios. El tener autoridad o ejercer autoridad no significa necesariamente el adquirir privilegios. Los honores y reconocimientos en el reino de Dios son decididos y adjudicados por Dios, según su sabiduría, justicia y poder. Son una dádiva o gracia de Dios. En el reino de Dios no valen las influencias o compadrazgos, como frecuentemente ocurre en las instituciones humanas.

Los rangos y jerarquías en el poder (Marcos 10:41-45). Jesús voltea al revés los criterios del ejercicio del poder al señalar lo que podríamos nombrar como *la regla de la humildad.* Previamente había afirmado: *Si alguno quiere ser el primero, que sea el último de todos y el servidor de todos* (Marcos 9:35). Esta regla un poco impersonal Jesús la personaliza y concretiza en una orientación más directa en Marcos 10:42-43. La dirige a los apóstoles de manera personal y expresa:

> —*Como ustedes saben, los que se consideran jefes de las naciones oprimen a los súbditos, y los altos oficiales abusan de su autoridad. Pero entre ustedes no deberá ser así. Al contrario, el que quiera hacerse grande entre ustedes deberá ser su servidor, y el que quiera ser el primero deberá ser esclavo de todos.*

Jesús es bien claro: la autoridad no se gana en la iglesia, mandando o ejerciendo dominio, sino sirviendo. No es un consejo, es una regla general que debe orientar de ahí en adelante el ejercicio del poder en la comunidad cristiana. Y para que no quede duda, Jesús se presenta a sí mismo como ejemplo. Él es el primero en aplicarse la nueva regla y seguir la novedosa filosofía de ganar autoridad en el servicio: *Porque ni aun el Hijo del hombre vino para que le sirvan, sino para servir y para dar su vida en rescate por muchos* (Marcos 10:45).

La ambición del poder. Este novedoso planteamiento del Maestro debería quitar las ganas y ambiciones del poder por el poder, o el poder por los honores; o el poder por los privilegios y las prebendas del dominio y mando. Todas estas ambiciones están basadas en la imagen piramidal y jerarquizada del poder que se tiene en el mundo. De ahí que adquirir poder significa subir en la escala jerárquica, estar sobre otros y acercarse a los personajes máximos. Por eso se habla frecuentemente de «escalar peldaños o puestos». Esa es la mentalidad común de la que participaban los apóstoles, y por desgracia también nosotros. Esta mentalidad se ha colado a la iglesia e instituciones cristianas. La proyectamos en muchas de nuestras actuaciones, la hacemos presente en nuestros discursos y presentaciones cuando nos dirigimos a la audiencia, comenzando por los de más arriba en la jerarquía del poder y vamos descendiendo hasta el pueblo, a quienes llamamos, «amigos», «hermanos» o «señores y señoras». A los otros les mencionamos sus nombres y sus títulos.

Cargos y dignidades. Es frecuente en las organizaciones humanas que se posea una dignidad o ejerza un poder sin tener que llevar muchas cargas o responsabilidades de servicio a los demás. Es decir, que la dignidad no corre pareja con el cargo o los cargos que debemos ejercer y sobrellevar. Se da entonces la injusticia de personas con muchos cargos y cargas sin ningún reconocimiento; y otros con muchos reconocimientos y dignidades sin cargos y cargas. En la comunidad cristiana, según lo quiere Cristo, los cargos y las cargas que los mismos implican deben corresponder a la dignidad que ostentamos. Y el que quiera más dignidad, pues asuma más responsabilidades, más compromisos de servicio. Es precisamente en el servicio donde podemos descubrir cuál es nuestra dignidad, qué tan dignos de reconocimiento somos y qué tanta autoridad tenemos.

¿Servidor o dominador? Son muchos, especialmente líderes cristianos los que caen en esta trampa. Se identifican y proclaman como los servidores de Dios y de su pueblo, pero en la práctica absorben todo el poder, controlan todos los mecanismos de decisión, y dominan por completo la institución, la empresa o el grupo. Se adueñan del mundo que les circunda, sobre el que han adquirido cierta autoridad, llámese país, nación, o estado; iglesia, parroquia o ministerio; oficina, empresa u organización. Se erigen en dueños y árbitros supremos de la verdad; su palabra es final y todo mundo debe ajustarse al reducido tamaño de sus ideas y proyectos, que raramente son presentados para estudiarlos o discutirlos.

Cuando hablan de que «es el sentir de la gente», se trata de las dos o tres personas de confianza escogidas a dedo por ellos mismos, como sus «fieles asesores». La trampa en la que caen estos líderes es la de creer que tener el poder conlleva siempre el poseer y controlar la verdad. Convertirse en *dominador*, cuando se debe ser *servidor* lo llama el evangelista Marcos con el término griego *katakyrieuo*, que significa «actuar como señor o dominador». La falacia de todo esto es la de presentarse y aun creerse que es un *servidor*, cuando en realidad se actúa como *dominador*, es decir, imponerse sobre los demás, ejercer el control absoluto y todavía pretender ser un *servidor*.

Diáconos y *Doulos*. Jesús utiliza estos dos términos griegos para describir la correcta actitud de quienes están llamados a mandar y ocupar puestos de honor en la iglesia. En concreto —afirma Jesús— el que quiera ser grande, que se haga *diáconos*, servidor. Y el que desee ser el primero, que se haga *doulos*, esclavo de los demás. Los que andan, pues, en busca de grandeza y reconocimiento, deben ganárselos a través de la humildad y el servicio, no de la prepotencia y el dominio. La consecuencia práctica de esta orientación del Maestro es bien sencilla pero importante: El seguidor de Cristo no debe dejarse llevar por la ambición del poder, sino orientar su vida a la disposición de servicio. Es un planteamiento poco atractivo, porque contradice los postulados del mundo; pero en el ejercicio de la vida cristiana es de obligada aplicación.[6]

«Entre ustedes no debe ser así». En contraste con el poder dominador aparece el poder servidor de Jesús. Estamos frente al más grande de los hombres: nada menos que el Hijo de Dios. Jesús, como Maestro, líder y Señor, no tuvo que escalar puestos porque venía de lo alto. Su caso fue de rebajar-

---

6 Una discusión más amplia de este tema puede leerse en *Las trampas del poder, Reflexiones sobre el poder en la Biblia*, de Carlos Maciel y Raúl Lugo, Ediciones Dabar, México, 1994.

se, según lo describe magistralmente Pablo en su carta a los Filipenses, capítulo dos: *quien, siendo por naturaleza Dios, no consideró el ser igual a Dios como algo a qué aferrarse. Por el contrario, se rebajó voluntariamente tomando la naturaleza de siervo y haciéndose semejante a los seres humanos* (Filipenses 2: 6-7). La misión de Cristo es de servicio, un servicio radical que incluye el sacrificio: Porque *al manifestarse como hombre, se humilló a sí mismo y se hizo obediente hasta la muerte, ¡y muerte de cruz!* (Filipenses 2:8). Jesús se constituye en modelo de cómo se debe ejercer el poder entre muchas cosas en su acercamiento al mismo y a los que caen bajo su dirección y poder. Es un acercamiento de arriba hacia abajo, de integración y proximidad, no de alejamiento y separación. «Yo, el jefe, estoy aquí arriba, y ustedes, los súbditos, están allá abajo». Con Cristo ocurre lo contrario. Se coloca siempre en medio de su grupo. Es interesante que en las apariciones después de la resurrección, cuando su grupo estaba en crisis, Jesús consistentemente se aparece, y según testimonia el evangelista Juan, se pone *en medio de ellos* (véase Juan 20:19 y 26). Jesús es un *líder* que actúa por participación y corresponsabilidad. Después de entrenar a su grupo durante los tres años de su vida pública, antes de irse al cielo los envía a hacer su ministerio por sí mismos, asegurándoles su asistencia. Pero ahora tienen que pescar ellos solos, aunque bajo su dirección, desde la orilla, como lo refiere el último de sus milagros de la pesca en el lago Tiberíades (véase Juan 21:1-12). Y como sello de oro a su práctica de liderato de servicio, les prepara desayuno con su propio pescado y los que los discípulos acaban de pescar. (Juan 21:9 y 11). El que pretenda gobernar al estilo de Jesús, tendrá que favorecer la participación real de otros, la responsabilidad compartida y la delegación de funciones. No valen ciertos consejos o grupos de gobierno que poseen muchas instituciones e iglesias, que sólo tienen y ejercen poder en apariencia.

¿Cómo combatir la ambición? Son muchos los escritores espirituales que nos han dejado sabios consejos y orientaciones para combatir la ambición y no dejarnos llevar por la concupiscencia del poder. Todos ellos se han inspirado en el evangelio. Entre todos estos consejos sobresale el de la vigilancia de nuestros sentimientos, para que estos no nos traicionen. Que las intenciones que nos mueven sean claras, trasparentes y honestas. No buscar escalar posiciones o imponer nuestras opiniones o decisiones por ocultos motivos de orgullo. No querer prevalecer sobre los demás solamente inspirados en nuestro amor propio, ni dejarnos llevar, en la toma de decisiones, por el capricho o la vanidad. Nuestras acciones deben siempre basarse en la justicia, la verdad y el bien de los demás, en el progreso de nuestra empresa o ministerio, y sobre todo, en la gloria de Dios y Jesucristo.

La oración reflexiva, remedio infalible. Para la continua rectificación de nuestras intenciones, nada es tan bueno como la oración reflexiva. Es decir, aquella que nos lleva a colocarnos delante de Dios tal como somos, sin ocultar nuestros pensamientos, propósitos o sentimientos. Esta clase de oración es muy saludable por su sinceridad delante del que todo lo ve y lo sabe. Es aprender a decirle a Dios con el salmista:

> *Examíname, Señor; ¡ponme a prueba!*
> *Purifica mis entrañas y mi corazón* (Salmo 26:2).

> *Examíname, oh Dios, y sondea mi corazón;*
> *Ponme a prueba y sondea mis pensamientos.*
> *Fíjate si voy por mal camino,*
> *Y guíame por el camino eterno* (Salmo 139:23-24).

Esta clase de oración reflexiva y retrointrospectiva debe llevarnos a rectificar nuestros motivos e intenciones.

La humildad que destierra el orgullo. Siendo la ambición un producto directo de la soberbia, se combate con más eficacia fomentando la humildad, que nos lleva a inclinarnos profundamente ante la grandeza de Dios y ante todo lo que refleja esta grandeza en sus criaturas. Un corazón humilde derrota las suspicacias y ablanda las resistencias al ejercicio justo del poder; pero sobre todo, inclina el corazón de Dios en nuestro favor:

> *El Señor derriba la casa de los soberbios* (Proverbios 15:25).

> *Tú eres fiel con quien es fiel, e irreprochable con quien es irreprochable ... Das la victoria a los humildes, pero tu mirada humilla a los altaneros* (2 Samuel 22:26 y 28).

La práctica de la humildad nos ayuda a contener nuestras aspiraciones en sus justos límites. La humildad y sencillez deben acompañar el ejercicio del poder. Aceptar y ejercer cargos que reportan dignidades y honores es no solo necesario sino conveniente y hasta obligatorio; pero debemos hacerlo siempre con un espíritu de humildad y con la sincera intención de referir todo el honor y la gloria primeramente a Dios, y de ejercer la autoridad a favor del prójimo y para provecho de este.

Terminemos estas reflexiones sobre la tentación del poder y la ambición con dos pensamientos de dos grandes escritores españoles: el poeta José María Pemán y el príncipe de los escritores españoles, Don Miguel de Cervantes:

Para el que nada ambiciona, todo el mundo está en la mano.[7]

No atribuyas a tus merecimientos las mercedes recibidas, sino que des gracias al cielo, que dispone suavemente las cosas.[8]

---

7 José María Pemán, «El divino impaciente».
8 Miguel de Cervantes Saavedra, *Don Quijote de la Mancha*, p.2 cap: XLII.

IX

LA SEDUCCIÓN
DEL DINERO

LA SEDUCCIÓN DEL DINERO

La avaricia. Este es el nombre que mejor identifica esta tentación y pecado. El Diccionario de espiritualidad define al avaro como: «Aquel que, teniendo el corazón apegado a las riquezas, está totalmente dedicado a buscarlas y acumularlas, con el fin de conservarlas».[1]

Clases de avaricia. El avaro se distingue de otros que caen en esta tentación del amor y búsqueda de las riquezas, en que las ama ávidamente, en sí mismas, y se obstina apasionadamente en acumularlas. Hay otra clase de amantes del dinero y los bienes materiales, que también hacen de las ganancias el motivo principal de su actuar y vivir. Son personas que nunca funcionan desinteresadamente; ven ganancias en todo, y no hacen nada gratuitamente. De hecho, la preocupación permanente de estas personas, así como la del avaro, es poseer y poseer en una medida creciente y abundante sin nunca saciarse.

La avaricia, pasión esclavizante. El afán y ansia de riquezas se apoderan de sus víctimas de una manera tan domi-

---

1 Ancelli, Ermanno, *Diccionario de espiritualidad*, T. I. Editorial Herder, Barcelona, 1987, p.200.

nante que si no se combaten con los medios morales y espirituales que la Palabra y las disciplinas espirituales y ascéticas nos proponen, nos pueden hacer sus esclavos. Las Escrituras inculcan en muchos lugares el desapego del alma de las riquezas y bienes de este mundo. Nos hacen ver que la codicia es un pecado sucio que nos separa de Dios y de sus bienes espirituales. Ejemplar es esta sentencia de Jesús:

> *¡Tengan cuidado! ... Absténganse de toda avaricia; la vida de una persona no depende de la abundancia de sus bienes* (Lucas 12:15).

La razón de esta advertencia la da el mismo Jesús en otro lugar: *Porque donde esté tu tesoro, allí estará también tu corazón* (Mateo 6:21).

La avaricia, un vicio «tonto». Podríamos aducir mil razones para mostrar el sinsentido de acumular riquezas, por el solo gusto de tenerlas. El gran dramaturgo francés Moliére resumía la estupidez de la avaricia en un verso de su obra maestra *El avaro*: «Ved al avaro en sus riquezas pobre». Ya Jesucristo había hablado del tema en la pintoresca parábola del *rico insensato* que nos narra el evangelista Lucas (Lucas 12:16-21). Se trata del hombre cuyas tierras le estaban rindiendo buenos dividendos y decidió construir graneros para almacenar sus bienes y sus granos, y poder decir a su alma: *Alma mía, ya tienes bastantes cosas buenas guardadas para muchos años. Descansa, come, bebe y goza de la vida.* Es el razonamiento que casi todo el mundo se hace, sin tener en cuenta que la vida misma no les pertenece, y que cuando menos lo esperan les llega la hora de partida, como precisamente le ocurrió al granjero de nuestra historia, quien tuvo que escuchar la sentencia que puso fin a sus días en la tierra: «*¡Necio! Esta misma noche te van a reclamar la vida...*»Y aquí viene la frase trágica, la pregunta que es más una advertencia inquietante para todos los avaros y ambiciosos: *«¿Y quién se quedará con lo que has acumulado?»* La narración termina con una sabia advertencia que debe dejarnos pensando que más vale huir de la seducción del dinero y la tentación de la acumulación de bienes: *Así sucede al que acumula riquezas para sí mismo, en vez de ser rico delante de Dios.*

Competencia de valores y prioridades. Esta última sentencia nos advierte sobre la competencia de *valores* y *prioridades* a la que nos vemos confrontados cada día como creyentes: los valores materiales frente a los valores espirituales. Este contraste se repite una y otra vez en las palabras de Cristo:

> *No acumulen para sí tesoros en la tierra, donde la polilla y el óxido destruyen, y donde los ladrones se meten a robar. Más bien, acumulen para sí tesoros en el cielo, donde ni la polilla ni el óxido carcomen, ni los ladrones se meten a robar.*

Y termina el Señor con esta sentencia perentoria:

> *Nadie puede servir a dos señores, pues menospreciará a uno y amará al otro, o querrá mucho a uno y despreciará al otro. No se puede servir a la vez a Dios y a las riquezas* (Mateo 6:19-21, 24).

El uso de la religión para obtener ganancias. El apóstol Pablo comprendió muy bien esta nueva filosofía evangélica sobre los bienes temporales y eternos. Por eso nos dejó sabias enseñanzas al respecto, sobre todo aplicando la doctrina a la vida ética y moral del cristiano, consciente del desorden que la afición al dinero y el mal uso de las riquezas traen al individuo y a la sociedad. Combate, entre otros, el desorden del mal uso de la religión para obtener ganancias. Leamos detenidamente este párrafo de la carta a Timoteo para ver si las enseñanzas paulinas no tienen una sorprendente vigencia hoy en día:

> *Si alguien enseña falsas doctrinas, apartándose de la sana enseñanza de nuestro Señor Jesucristo y de la doctrina que se ciñe a la verdadera religión, es un obstinado que nada entiende ... Éste es de los que piensan que la religión es un medio de obtener ganancias. Es cierto que con la verdadera religión se obtienen grandes ganancias, pero sólo si uno está satisfecho con lo que tiene ... Los que quieren enriquecerse caen en la tentación y se vuelven esclavos de sus muchos deseos ... Porque el amor al dinero es la raíz de toda clase de males. Por codiciarlo, algunos se han desviado de la fe y se han causado muchísimos sinsabores* (1 Timoteo 6:3-10).

Los padres de la Iglesia y la doctrina sobre las riquezas. Es abundante la doctrina y profundas las enseñanzas de los padres de la iglesia sobre este asunto. Bástenos citar tan solo dos de ellos que hasta cierto punto los representan a todos y resumen muy bien su pensamiento. Basilio el grande:

> *¿Quién es el avaro? El que no se contenta con lo que le basta ... Se llama ladrón el que despoja a alguien que va vestido, pero ¿merecerá un nombre distinto aquel que no viste al desnudo, aunque podría hacerlo? El pan que guardas para ti pertenece al hambriento; el vestido que conservas en el armario pertenece al desnudo; los zapatos que se pudren en casa son del descalzo; el dinero que guardas bajo tierra*

pertenece al necesitado. Los hombres a quienes injurias son todos aquellos que podrías socorrer. [2]

Otro de los grandes, entre los padres de la iglesia fue Gregorio, precisamente conocido como *Magno* (el grande). Esto es lo que tiene que decir sobre nuestro tema:

> *Cuando hambrean acrecentar los caudales, oigan lo que está escrito: «El avariento nunca se saciará de dinero, y quien ama ciegamente las riquezas, ningún fruto sacará de ellas» (Eclesiástico 5:9). Ciertamente sacaría fruto de ellas si, no apegándose a ellas, quisiera distribuirlas bien; pero quien las retiene con amor, también peca sin fruto.* [3]

¿Por qué es mala la avaricia y el afán desordenado de ganancias? La avaricia como vicio se refiere a toda clase de bienes terrenales y temporales. Dios sabe que necesitamos de ellos para sobrevivir o simplemente vivir adecuadamente. Todos los bienes tienen como origen a Dios, y él los creó para nuestro bien. No es, pues, el uso moderado y adecuado de los bienes lo que constituye pecado, sino su abuso. Y así como se puede abusar del alimento hasta la gula, y de los placeres de la carne hasta la complacencia pecaminosa del sexo, así mismo se puede cultivar un apego desordenado al dinero y a los bienes materiales hasta llegar a la avaricia. En épocas remotas de la humanidad, cuando no existía el dinero, el trueque de bienes se hacía en especies. El dinero vino a reemplazar este trueque de bienes en especie y ha llegado

---

2 Basilio el Grande, *Homilía in illud Lucae: Destruam horrea mea 7.* Un estudio resumido de las obras de Basilio, el grande en la obra del profesor Johannes Quasten, Patrología, Tomo II, Biblioteca de Autores Cristianos, Madrid 1962 pp.213-247.

3 Gregorio Magno, *Modo de amonestar a los súbditos*, Obras de Gregorio Magno, Biblioteca de Autores cristianos, Madrid 1958, p.187.

a representar las posesiones y riquezas materiales. Y por no estar ya inmediatamente medido por las necesidades naturales (alimento, vestido, habitación etc.), se presta a satisfacer un apetito que puede ser indefinido e indeterminado: puede acumularse sin límites. El avaricioso de la parábola evangélica acumulaba granos y cosechas, cuando el avaro de hoy engorda sus cuentas bancarias guardando dinero. Por eso el dinero se ha convertido en el amo y señor de todo y de todos, en símbolo de la avaricia humana y del apego desordenado a los bienes materiales, que es uno de los pecados y vicios más comunes en nuestra sociedad contemporánea, que ha llegado a invadir incluso los medios religiosos y eclesiásticos.

Generosidad y liberalidad: virtudes contra la avaricia. El desapego de las riquezas y bienes temporales se traducen en las virtudes de la liberalidad y del manejo generoso de los mismos. Estas virtudes regulan la actitud que el hombre debe tener frente al dinero y los bienes materiales, dominando su uso y no dejándose dominar por los mismos. Las dos virtudes afirman y proyectan la dignidad humana, que debe estar por encima de la ambición de riquezas. La Biblia nos enseña que el ser humano está por encima de todas las otras criaturas, y que Dios, al hacer al hombre a su imagen y semejanza, lo puso al frente y por encima de su creación para que la sometiera y dominara (Génesis 1:27-30).

> *Por la liberalidad y la generosidad la persona sabe equilibrar el instinto de posesión, uno de los instintos humanos más poderosos, en función tanto de la promoción de los valores personales como de las necesidades de la comunidad.* [4]

4 Ancilli, Ermanno, *Diccionario de espiritualidad T. I* , Editorial Herder, Barcelona, 1987, p.201.

Formas de la avaricia. La avaricia frustra todo intento ordenado de la virtud de la liberalidad. Ya que su deseo es acumular en exceso bienes y valores materiales, rechaza todo lo que busca moderar su afán desordenado e impide el consumo, la distribución y uso adecuados de esos mismos bienes. La avaricia se muestra en diferentes formas y grados, desde la simple tacañería o economía excesiva hasta la idolatría del dinero. Viene muchas veces acompañada de formas de injusticia, robo y sustracción de los bienes de otros y de intereses mezquinos.

El espíritu de la avaricia puede penetrar todas las instituciones sociales, políticas, económicas y religiosas, corrompiéndolas. Cuando esto ocurre, estas instituciones pierden sus objetivos básicos de servicio a la comunidad para convertirse en instrumentos de enriquecimiento ilícito de algunos.

En nuestro medio mundano y materialista, la riqueza goza de cierto rango y preeminencia. Es fácil llegar a ser un «Don tal y tal» si exhibimos abundancia de posesiones y bienes. Desgraciadamente, nuestra sociedad no da la misma valoración a la abundancia de bienes del espíritu.

La avaricia, vicio capital. Al aparecer apetecible por sí misma, la riqueza y la posesión abundante de bienes facilitan la satisfacción de muchos otros deseos justos e injustos, sanos y pecaminosos. Y lleva al estado lamentable de no parar mientes en ningún desliz o desmán con tal de adquirir los bienes deseados. El avaro está dispuesto inclusive al sacrificio y al pecado con tal de conseguir el bien deseado o la ganancia ambicionada. Por eso a la avaricia se le ha catalogado como un *vicio capital;* es decir, que está en la raíz y origen de otros vicios y pecados. Escuchemos una vez más a Pablo, que nos dice:

> *Los que quieren enriquecerse caen en la tentación*
> *y se vuelven esclavos de sus muchos deseos. Estos*

afanes insensatos y dañinos hunden a la gente en la ruina y en la destrucción. Porque el amor al dinero es la raíz de toda clase de males. Por codiciarlo, algunos se han desviado de la fe y se han causado muchísimos sinsabores (1 Timoteo 6:9-10).

Gregorio Magno comentaba a propósito de este aspecto de la avaricia como pecado capital:

> *La avaricia se cuenta entre los pecados capitales, porque engendra otros pecados, como la insensibilidad de corazón, inquietud desordenada en la posesión de los bienes, violencia o subterfugios en la apropiación, pereza, fraude, y, según el ejemplo de Judas, traición.* [5]

Remedio contra la avaricia. Todo es asunto de prioridades. El mundo nos engaña haciéndonos creer que es el estiércol del dinero y del lujo la verdadera moneda de la felicidad. La vida consiste en elegir, y Dios nos presenta en su Evangelio las alternativas:

> *Ningún sirviente [dice Jesús] puede servir a dos patrones. Menospreciará a uno y amará al otro, o querrá mucho a uno y despreciará al otro. Ustedes no pueden servir a la vez a Dios y a las riquezas* (Lucas 16:13).

O Dios o el dinero. La admonición iba dirigida a los «fariseos» *que amaban las riquezas,* que representan muy bien a los «fariseos» de hoy, amantes del dinero. De estos, por desgracia, hay muchos en las iglesias y en el liderato cris-

---

5 Gregorio Magno, *Moralia XXXI*, 45, PL 76, 621.

tiano. Esto tampoco es algo nuevo, pues encontramos muchos personajes del Evangelio que guardan relación con el problema del dinero. Mencionemos al rico de la parábola en Lucas 16:19-31; a Judas, el que vendió al Maestro por treinta monedas de plata (Mateo 26:14-16); al dirigente rico que por su apego a las riquezas se quedó sin Cristo (Lucas 18:18-29); a Ananías y Safira, que defraudaron a Dios con sus ofrendas (Hechos 5:1-11); al hombre con quien su hermano no quería compartir la herencia (Lucas 12: 13-15), al majadero que construyó graneros para acumular más y más granos (Lucas 12:16-21); a Zaqueo, el que se subió al árbol para ver a Jesús y le prometió restituir cuatro veces lo robado (Lucas 19:2-10); a la pobre viuda, que sirvió de contraste para la enseñanza de generosidad en el ofrendar (Marcos 12:41-44).

Personajes que nos representan y enseñan. Cada uno de estos personajes representa categoría de hombres y mujeres que en lugar de manejar adecuadamente sus bienes, se dejan manejar de los mismos para su mal y perdición. Al observarlos, deberíamos aprender a no actuar como ellos; y si así lo estamos haciendo, enmendar nuestra conducta.

Advertir nuestro mal proceder y corregirlo a tiempo. El rico de la parábola (Lucas 16:19-31), que quiere salir del infierno para advertir a sus allegados cómo deben utilizar las riquezas en este mundo, nos enseña a reflexionar sobre cómo estamos usando nuestros bienes y a revisar el apego y amor que tenemos a los mismos, que puede competir con el amor y reverencia que debemos a nuestro Dios, como Señor y dueño de todo. Desapegar nuestro corazón de las riquezas, liberarnos de sus lazos, ser generosos, compartir lo nuestro con los necesitados y despreciar la tacañería son lecciones que debemos aprender y que, practicadas, atacan en su raíz el vicio de la avaricia. El rico de la parábola era un vividor, derrochador de dinero, pero sólo para su comodidad y placer.

Era un hombre sin entrañas. Tenía cinco hermanos, vestía y comía muy bien y se regodeaba en fiestas y francachelas sin siquiera fijarse en la miseria de muchos que vivía a su derredor, entre ellos Lázaro. Este rico avariento, sin corazón, carecía de compasión y generosidad para con los demás, y empleaba sus haberes sólo en su propio beneficio y bienestar sin importarle el de los otros.

La avaricia que lleva a la traición sin arrepentimiento. Judas es prototipo del avariento que sacrifica los valores más sagrados de la vida, como la amistad y la lealtad, por el dinero. Traicionó al Maestro; pero lo peor es que se quedó sin redención de su pecado por falta de arrepentimiento, aunque le sobró remordimiento, que es inútil, cuando no hay reconocimiento y confesión de pecado para recibir el perdón. Hay un camino de regreso de la traición, y el pecador debe recorrerlo. Judas arrojó al templo las monedas, precio de su traición, pero debió completar su acción regresando al Maestro a pedir perdón y enmendar su conducta. Mientras estemos en este mundo, podemos rectificar nuestra conducta y comenzar a usar nuestros bienes como Dios quiere y manda, desechando los bienes mal habidos.

La tristeza de tener mucho y no tener nada. El joven rico tenía muchos bienes; sin embargo, —dicen Mateo y Marcos— *se fue muy triste porque tenía muchas riquezas* (Mateo 19:22; Marcos 10:22). Es decir, que no bastan las riquezas, por abundantes que sean, para hacernos felices. Hay valores superiores que llenan de verdad los anhelos superiores de nuestro espíritu, y que deben ser satisfechos si de verdad queremos ser felices. Buscar estos valores superiores y colocarlos por encima de los valores tangibles, «contantes y sonantes», es lo que de verdad nos trae bienestar total *en espíritu, alma y cuerpo,* como dice Pablo.[6]

El pasaje nos hace pensar también en que el problema del apego a las riquezas viene de dentro, como una actitud del corazón que debe ser corregida con mucha oración y meditación de la Palabra. Sólo el Espíritu puede renovar nuestra mente y corazón. Exponernos a su acción y pedir que cambie nuestros íntimos deseos y criterios es parte de la estrategia para salir del vicio de la avaricia.

Tratar de engañar a Dios. El pecado de Ananías y Safira (Hechos 5:1-11) fue que, por apego al dinero, quisieron engañar a Dios, incumpliendo la promesa de entregarle como ofrenda el precio de la venta de su propiedad. Está aquí implicado un principio fundamental de la mayordomía cristiana que reza más o menos así: *Dios es dueño de todo; y cuando ofrendamos, estamos devolviéndole lo que de por sí le pertenece.* Nos engañamos cuando no cumplimos nuestras promesas y obligaciones con él, reteniendo nuestras ofrendas y diezmos. Es, además, evidente que en el caso de Ananías y Safira la avaricia los llevó a otros pecados, especialmente al de mentir al Espíritu y a la Iglesia. Una conclusión importante que se desprende de todo este pasaje es que en nuestras relaciones con Dios y con su Iglesia debe primar la honestidad, y no tienen cabida la mentira o el engaño.[7]

La avaricia lleva a la injusticia. Es lo que vemos en el pasaje del hombre que pide a Jesús que intervenga para que su hermano distribuya la herencia equitativamente. Muchas veces el amor al dinero nos lleva a cometer injusticias, quedándonos con lo que no nos pertenece. Jesús nos da el mejor consejo para practicar la honestidad en todas las tran-

---

6 Véanse las exhortaciones de Pablo sobre este y otros temas relacionado, en 1 Tes 5:12-28.; 1 Tim 6:3-21; 2 Cor 9:6-15.

7 Una explicación amplia del pasaje de Ananías y Safira, en Justo González, Hechos de los Apóstoles, *Comentario Bíblico Iberoamericano*, Kairos Ediciones, Buenos Aires, 2000, pp.123-134.

sacciones que hagamos: *Absténganse de toda avaricia* (Lucas 12:15). ¡Qué difícil es hoy encontrar en nuestros tratos y negocios a personas honestas y trasparentes que no busquen sacar provecho a costa de nuestros intereses! Sin embargo, esta debe ser la tónica del cristiano.

La restitución, remedio a la avaricia. Zaqueo es un buen ejemplo de cómo se pueden ganar la paz de espíritu y las buenas relaciones con Dios, restituyendo a los que hemos defraudado. Zaqueo es un hombre convertido de corazón después de su encuentro con Jesús. Si en un tiempo estuvo apegado al dinero, Jesús curó su corazón; y después del encuentro con él, pasó de la avaricia a la liberalidad y generosidad. De un hombre tacaño y defraudador, pasó a uno dadivoso, ya que ofrece no sólo devolver lo robado, sino encimar un cincuenta por ciento más. La restitución es lo más difícil, pero no hay acción que traiga más paz al espíritu que entregar a quienes hemos defraudado lo que les corresponde.

Liberalidad, largueza y generosidad. Estas son tres hermosas virtudes que adornan al verdadero creyente y son extraordinariamente útiles al líder, pues lo hacen atractivo y simpático a los demás, facilitándole su trabajo. Podríamos decir que son virtudes divinas, pues identifican parte de la naturaleza y cualidades que el mismo Dios tiene. Dios es un Dios de gracia: todo lo entrega gratuitamente por su infinito amor, misericordia y generosidad. Como alguien dijo: «Dios no se deja ganar en generosidad de nadie». Todo lo que tenemos se lo debemos a él. Por eso si algo nos asemeja a Dios son estas tres virtudes; y si algo nos aleja de Dios son los vicios de la ambición, la avaricia y la tacañería, que las contradicen. Como hemos dicho, la avaricia nace de una actitud interna del corazón. La liberalidad y generosidad tienen el mismo origen: revelan una disposición del espíritu que identifica desde dentro hacia fuera a la persona. El padre de la iglesia Ambrosio de Milán dice que «es el afecto el que hace rica o vil la dádiva y el que da valor a las cosas»[8]. Podemos entender ahora el comentario de Cristo al observar a la viuda pobre que depositó en el lugar de las ofrendas en el templo solo dos moneditas de poco valor, cuando muchos ricos echaban grandes cantidades:

> *Les aseguro que esta viuda pobre ha echado en el tesoro más que todos los demás. Estos dieron de lo que les sobraba; pero ella, de su pobreza, echó todo lo que tenía, todo su sustento* (Marcos 12: 43-44).

Así como son de feas y repugnantes la avaricia y la ambición, son de hermosas y atractivas la generosidad, y larguez. Y no solo a los ojos de los hombres, sino a los ojos de Dios, *porque Dios ama al que da con alegría* (2 Corintios 9: 7).

---

8 Sobre vida y obras de Ambrosio de Milán, véase Antonio Royo Marín, *Los grandes maestros de la vida espiritual, Historia de la espiritualidad cristiana*, Biblioteca de Autores cristianos, Madrid 1973, pp.74-75. y Ermanno Ancilli, Diccionario de espiritualidad, Tomo I, Editorial Herder, 1987, pp.96-100.

X

LA CONCIENCIA

LA CONCIENCIA

I Naturaleza de la conciencia

Juez Infalible. Aquí dentro de nosotros, en lo más íntimo de nuestro ser, Dios ha colocado una voz interior, una facultad innata que percibe todas nuestras acciones interiores y exteriores; que registra nuestras intenciones y deseos y discrimina lo que es bueno y lo que es malo, identificándonos como autores responsables de lo uno y de lo otro.

Definición. ¿Qué es la conciencia? Es «el conocimiento o ciencia compartida (del latín *cum*) con otro». Una definición más amplia es: «facultad del ser humano que le permite conocer inmediatamente sus actos y estados interiores, así como el valor moral de los mismos».[1]

La conciencia, un hecho universal. Toda persona puede atestiguar de la existencia de su conciencia. La vemos actuar constantemente y es muy difícil suspender su acción o interferir en sus juicios. Obra en nuestra contra o a nuestro favor.

---

1 Foulquié. Paul, *Diccionario del lenguaje filosófico*, Editorial Labor S.A., Barcelona, 1967, p. 171.

Por ejemplo, si alguien se ofende por algo que yo dije o hice sin mala intención o sin culpa de mi parte, mi conciencia me afirma en mi convicción de que no tengo la culpa, aunque a la vez me causa desagrado o disgusto. Por el contrario, si hago algo bueno que los otros no perciben como tal, mi conciencia me asegura de que he obrado bien.

La conciencia y los valores morales. La conciencia obra de acuerdo con los valores morales de la persona. Algunos de estos valores son innatos, no aprendidos. Casi todos ellos están representados en los Diez Mandamientos, que no son más que la formulación concreta de lo que llamamos *la ley natural*. Para todos, en todas partes es malo matar, mentir, robar, etc. Otros valores son adquiridos; unos y otros deben ilustrarse con la instrucción y el conocimiento. De ahí la importancia de una buena educación moral que permita adquirir una conciencia ilustrada.

Estamos hablando del hombre y la mujer normales. Se dan con frecuencia casos anormales de personas de conciencia torcida, ya sea por falta de ilustración o educación, o por el continuo ejercicio del mal que termina torciendo o interfiriendo los dictámenes de la conciencia. Sin embargo, sicólogos y moralistas afirman casi unánimemente que algún vestigio de conciencia queda aun en el criminal más empedernido.[2]

---

2 J. Klug, afirma en su libro *Le profondità dell'ánima* (Turín 1952; p. 315), después de describir el currículum de un criminal, que parecía presentar una radical insensibilidad a los valores morales: «Endogénicamente (es decir, constitucionalmente) preformado para acciones delictivas significa que un hombre que tiene dicha conformación, si no crece en un buen ambiente y bajo constante vigilancia y no recibe una educación muy buena, se trasforma en un delincuente. Aunque las raíces profundas de la conciencia no pueden extirparse totalmente».

Reconocimiento universal de la existencia y acción de la conciencia. La conciencia, más que un concepto religioso, es un hecho reconocido universalmente. Su naturaleza y funciones han sido estudiadas amplia y profundamente desde el punto de vista científico y moral por tratadistas que investigan la psicología en general y la conducta humana en particular, hasta el punto que ha llegado a ser un tema y un campo que de por sí forma ya parte de las ciencias del hombre. Por algo filósofos, pensadores y escritores de la antigüedad y de todos los tiempos y culturas se ocuparon de ella. Demócrito, Aristóteles, Platón, Séneca, Cicerón, para mencionar solo unos pocos, tratan este asunto que se convirtió en un tema cristiano a partir de Jesús y Pablo. Este último habla ampliamente de su existencia, al final del pasaje sobre la ley natural en su carta a los Romanos:

> *De hecho, cuando los gentiles, que no tienen la ley, cumplen por naturaleza lo que la ley exige, ellos son ley para sí mismos, aunque no tengan la ley. Éstos muestran que llevan escrito en el corazón lo que la ley exige, como lo atestigua su conciencia, pues sus propios pensamientos algunas veces los acusan y otras veces los excusan* (Romanos 2:14-15).

En 1 Corintios 8:7, 10, 12, cualifica la conciencia como débil o enferma, o errónea.

> *Pero no todos tienen conocimiento de esto [que hay un solo Dios y Señor]. Algunos siguen tan acostumbrados a los ídolos, que comen carne a sabiendas de que ha sido sacrificada a un ídolo, y su conciencia se contamina por ser débil* (1 Corintios 8:7).

En la carta a los Romanos (14:23), Pablo habla de la necesidad de tener una conciencia cierta antes de obrar, afirmando que es ilícito obrar con la duda de si es bueno o lícito lo que se va a hacer. Y por último, en las cartas pastorales a Tito y Timoteo, conecta con insistencia la recta conciencia a la fe íntegra, como si quisiera decirnos que cuando se oscurece la fe, también se oscurece la conciencia.

La última autoridad. La última autoridad para cada uno de nosotros en todo lo referente a nuestra conducta moral y en nuestros actos de fe o religión, no es ningún poder o institución religiosa o política —como el estado o la iglesia— sino la conciencia. Por eso la identificamos como «la voz de Dios», que habla desde nuestro interior y que no podemos acallar. Parece entonces que el Concilio Vaticano II estuvo acertado en su *Declaración sobre la libertad religiosa:*

> *Por medio de la conciencia es como el hombre percibe las prescripciones de la ley divina; está obligado a seguirla fielmente en todas sus actividades para llegar a su fin, que es Dios.*[3]

La conciencia en acción. La Biblia nos presenta de una manera viva y real la conciencia en acción. A través de las acciones de muchos de los actores de la historia bíblica, podemos observar la triple función de la conciencia como testigo, fiscal y juez de nuestros actos. Analizar la vida y las acciones de estos personajes puede servirnos de espejo para mirarnos nosotros mismos en ellos, y percibir lo que nuestras propias conciencias nos dicen sobre nuestras vidas, nuestro ministerio, nuestros motivos, metas y deseos, y sobre la manera

---

3 Documentos del Concilio Vaticano II, *Declaración sobre la libertad religiosa*, (n. 3).

como estamos lidiando con las tentaciones, vicios y pecados descritos en este libro.

David y su conciencia débil. El pasaje de la caída de David frente a la tentación de una bella mujer que nos narra el segundo libro de Samuel, capítulos 11 y 12, nos muestra lo que es una conciencia débil, o mejor, debilitada por la pasión. David, al principio de su tentación, cuando sale a la azotea de su palacio y observa a Betsabé desnuda y averigua por ella y la manda traer a su palacio, tipifica la debilidad de nuestra naturaleza humana: al hombre, tal como es, sometido a la tentación y al pecado, y no como debería ser, protegido y fortalecido por la gracia. Nos muestra que frente a la tentación seguimos siendo hombres de naturaleza caída y pecaminosa, expuestos a los embates del Enemigo. Lo que prima es la impresión del momento, el impulso de la pasión, que grita tan alto que nos impide oír la voz de la conciencia, que desde nuestro interior nos advierte, como debió gritar en el corazón de David: «¡Apártate!» El que todo un rey, como David, siervo de Dios y profeta del Altísimo, ceda tan fácilmente al primer impulso de la tentación, olvidándose de su posición como rey y líder de su pueblo y de sus obligaciones morales, es un síntoma real y preocupante de la fragilidad de la conciencia humana. En otras ocasiones fallamos en nuestro ministerio por miedo o falsa prudencia, y por otros muchos motivos, algunos de ellos inconfesables. No debería ser así. Cuando la conciencia de un líder resbala o falla, produce un doble efecto dañino: para él mismo y para la comunidad que dirige, le sigue y se apoya en él.

DAVID Y EL PROFETA NATÁN, UNA CONCIENCIA QUE DESPIERTA

Fue necesario que surgiera un enviado de Dios, un testigo imparcial y un acusador sabio que le enrostrara a David su pecado y despertara su conciencia adormecida por el pecado, para que David reaccionara y se hiciera consciente de su mal. Por mucho tiempo el rey pecador estuvo fuera de sí, desatendiendo los llamados de su conciencia, u opacándolos con razones baladíes, como eran la de salvaguardar a la mujer con quien había pecado, evitar el escándalo y proteger su autoridad de monarca. E inclusive, cuando Natán le refirió la parábola del hombre cruel que despojó de su única ovejita al pobre, David se indignó hipócritamente y pidió la muerte para el culpable, muestra ésta muy frecuente de líderes que son o aparecen justos o justicieros con los demás, mientras que disimulan y ocultan sus propias faltas y pecados.

Natán dictamina: —¡Tú eres ese hombre! (2 Samuel 12:7). Luego enrostra a David todos los bienes y bendiciones que Dios le ha otorgado. No tiene ni una palabra de compasión o contemporización con el rey. Y es así como logra remover el peso del disimulo y falsas justificaciones con que el David pecador había acallado la voz de su conciencia. Ahora esta revive y se levanta y David debe confesar: —¡*He pecado contra el Señor!* (v.13). Y es entonces cuando comienza la reconstrucción de la vida moral del rey. El primer paso es confesar su pecado y arrepentirse del mismo. Luego viene el perdón de Dios, asegurado por la voz del profeta: —*El Señor ha perdonado ya tu pecado*— (v. 13). Movido por su conciencia, David evitó el error de Adán ante el pecado: acusar a otros de sus fallas. Al condenarse a sí mismo y decir «*Yo he pecado»,* vuelve a instalar su conciencia en el sitio que le corresponde: en su interior. De esta manera emprendió el camino de su redención.

Importancia del consejo que ayuda a la conciencia. El pasaje de David y Natán nos muestra la importancia de contar con un buen consejero. Deberíamos preguntarnos ahora mismo: «¿Quién va a desempeñar a mi lado, el papel de Natán, para conducirme paso a paso en mi vida espiritual?

¿Quién puede ayudarme a conjugar mi fe, mis pensamientos y acciones con los dictados de mi conciencia sin que interfieran intereses personales, pasiones egoístas o sentimientos y emociones que desvíen la función de la conciencia?» El gran maestro de la vida espiritual, Juan de la Cruz, escribió en su tratado *Subida al monte Carmelo,* páginas profundas y hermosas sobre la importancia de contar con un consejero espiritual y ser genuinamente sinceros con él, abriéndole nuestra alma. Y decía que «en el consejo, la conciencia individual se amplía, se dilata y agiliza, tomando como polo otra conciencia sabia, desinteresada y distinta a la nuestra». Y avanza afirmando que Dios obra a través de aquellos que desempeñan las funciones de consejeros y guías espirituales:

> *Muchas cosas comunica Dios, cuyo efecto y fuerza y luz y seguridad, no los confirma del todo en el alma hasta que se trate con quien Dios tiene puesto por juez espiritual de aquella alma... Vemos entonces que las almas humildes, que tratan estas cosas con quien deben hacerlo, se llenan de nuevas satisfacciones y adquieren fuerza, luz y seguridad...* [4]

Pedro confirma en su conciencia su liderato, y él mismo confirma a sus hermanos. Pedro, al igual que David y muchos otros en la Biblia, es un ejemplo de un líder débil. Hay muchos como Pedro, y quizás muchos de nosotros nos portamos como el apóstol. Unos logran sobreponerse a sus caídas y debilidades; otros no tanto. Pedro pecó negando a su Maestro; pero pronto, pronto su conciencia lo puso en el camino del arrepentimiento y el perdón. Pedro siguió la voz de su conciencia más pronto que David. Le bastó una mirada

---

4 Juan de la Cruz, *Subida al Monte Carmelo*, lib 2 c. 22, en *Vida y obras de San Juan de la Cruz*, Ed. Biblioteca de Autores Cristianos BAC, Madrid 1992, p. 527-528

de Jesús, para darse cuenta de su error y de inmediato reemprendió el camino de la reconciliación y el perdón, aunque no se lo perdonó él mismo toda su vida. Esta experiencia, sin embargo, le sirvió a Pedro para reafirmar su fe y confirmar en esta misma fe a sus hermanos, según Cristo se lo había predicho. Debemos recordar la escena de la última cena y las palabras de Cristo a Pedro: *Simón, Simón, mira que Satanás ha pedido zarandearlos a ustedes como si fueran trigo.* Y en verdad Pedro fue zarandeado por Satanás cuando se llenó de miedo y negó a su Maestro delante de una sirvienta. Sin embargo, fue afortunado en contar con la asistencia de la oración del mismo Jesús, como fuerza que levantaría su conciencia y le haría reconocer su error y enmendarlo: *Pero yo he orado por ti, para que no falle tu fe.* Y el Pedro levantado, confirmado en su fe, debía ahora, según el encargo de Jesús, confirmar a sus hermanos. *Y tú, cuando te hayas vuelto a mí, fortalece a tus hermanos* (Lucas 22:31-32).

Esta última frase se ha interpretado de muchas maneras. Cualquiera sea su interpretación debemos subrayar que una de las funciones esenciales del pastor y líder cristiano consiste en favorecer y defender el más amplio espacio posible para la expansión de la conciencia de los individuos y de la comunidad de creyentes. Sus palabras, enseñanzas y su propio ejemplo deben buscar un fortalecimiento de la conciencia de todos en su iglesia: conciencia de fe positiva y seria en las posibilidades de la gracia; conciencia de arrepentimiento, enmienda y perdón para los caídos, que de una u otra manera pueden ser todos; conciencia de solidaridad comunitaria que lleve a la asistencia, la comprensión y ayuda mutuas entre todos los miembros de la comunidad; conciencia de todas las posibilidades de servicio y del fortalecimiento del amor que brinda la vida en comunión.

Zaqueo: una conciencia ligera que cambia y se fortalece. La presencia de Jesús y el diálogo con su Palabra y Evangelio deben fortalecer la acción de nuestra conciencia al ampliarnos los horizontes y consecuencias de nuestras acciones. Jesús nos hace conscientes de nuestros falsos juicios y decisiones del pasado y nos enrumba hacia un cambio progresivo y trasformador. Fue lo que pasó con Zaqueo[5]: ha vivido una vida de explotador del pueblo, conducido sus negocios de «publicano» o cobrador de impuestos para los amos del imperio romano, con ganancias usureras exageradas que lindan con el robo y la expoliación. Jesús hurga profundo en su conciencia hasta hacerle decir:

—Mira, Señor: Ahora mismo voy a dar a los pobres la mitad de mis bienes, y si en algo he defraudado a alguien, le devolveré cuatro veces la cantidad que sea (Lucas 19:8).

El cambio es rotundo. La conciencia de Zaqueo ha despertado al contacto con Jesús. Ahora ve sus bienes, su oficio, sus ganancias y su vida de manera diferente. Tiene conciencia del mal que ha hecho y del bien que puede hacer. Quiere usar sus ganancias y su dinero no para provecho propio, sino para bien de los demás, al servicio de la justicia. Ha recobrado una conciencia de servicio, justicia y equidad que no poseía antes.

II LAS FUNCIONES DE LA CONCIENCIA

La conciencia como «voz de Dios». Como criaturas humanas, fuimos privilegiados, pues salimos de las manos de Dios trayendo la impronta de su «imagen y semejanza»

---

5 Véase completa la historia de Zaqueo en Lc 19:1-10.

(Génesis 1:27). Esta especial categoría nos equipara a los ángeles, pues nos da el poder de pensar, percibir la realidad superior del espíritu que se halla más allá de las realidades materiales. Podemos comunicarnos con el Creador, hablarle y escucharle. Parte de esa impronta que nos asemeja a él es la capacidad de volvernos sobre nosotros mismos, tener conciencia de nuestros actos y descubrir a través de esa conciencia, que es como la voz de Dios aquí adentro en nuestro interior, lo que es bueno y lo que es malo. Pero además, esta facultad que nos permite diferenciar entre el bien y el mal, entre lo permitido y lo prohibido, hace el papel de testigo y juez, atribuyéndonos la responsabilidad de lo que hacemos, pensamos o deseamos.

Esta facultad, llamada conciencia, nos permite escuchar la voz de Dios directamente dentro de nosotros. Y este sentido de obrar cara a cara, en el íntimo santuario de la propia conciencia personal, se refuerza cuando descubrimos que somos más que materia y vida temporal; que anida aquí dentro en cada corazón un hálito divino sobrenatural que nos vincula con Dios. Aprendemos que Dios, en su bondad, ha establecido otro tipo de contacto infinitamente superior al natural y ordinario: nos ha comunicado su vida; se ha revelado a sí mismo no sólo en su Palabra, en su Hijo y a través de su Espíritu, sino que amplifica su voz en nosotros, y la voz de la conciencia se refuerza, proyecta y fortalece a través de todos ellos. De este modo toda acción que entra en la línea de este plan divino se convertirá en una verdadera respuesta a su voluntad de amor, que quiere establecer con nosotros una relación personal de padre a hijo.

2. La conciencia como juicio de acción de una situación concreta. Podemos emitir y de hecho emitimos juicios generales, universales de carácter ético. Muchos de ellos los aprendemos del evangelio mismo o de la tradición de nuestra cultura. Decimos, por ejemplo: «Hay que hacer el bien y evitar el mal» o «No se debe hacer a los demás lo que no queremos que se nos haga a nosotros». Y la conciencia asiente a todos estos postulados como deseables y buenos. Pero el papel de esta va más allá: afirma o aprueba juicios más concretos y personales en su momento. Por ejemplo: ante la simpatía o antipatía que me provoca determinada persona, y los pensamientos o deseos que se suscitan en mi interior sobre dicha persona, mi conciencia me aconseja: «No está bien que pienses así de fulano o fulana. No debes desearle ese mal...» La conciencia nos hace además conscientes de nuestras responsabilidades, en casos concretos y específicos. Si vemos a alguien en peligro o necesitado de ayuda, la conciencia va a aconsejarnos: «Debes atender a esa persona herida, abandonada o enferma». Si hemos atropellado a alguien, la conciencia deberá aconsejarnos: «No huyas; atiende al herido». Y si huimos, seguirá acusándonos de nuestra falta; y, a no ser que esté muy dañada o encallecida, seguirá haciéndonos responsables del crimen o mala acción cometida.

3. La conciencia y la decisión última de hacer el bien. Pablo decía:

> *Yo sé que en mí, es decir, en mi naturaleza pecaminosa, nada bueno habita. Aunque deseo hacer lo bueno, no soy capaz de hacerlo. De hecho, no hago el bien que quiero, sino el mal que no quiero...* (Romanos 7:18-19).

Este hecho incontrastable nos indica que no basta el recto juicio intelectual para hacer el bien; la voluntad debe también intervenir. El juicio debe ser fruto de una inteligencia bien ilustrada, y la decisión debe nacer de una voluntad bien educada. Pero para el cristiano ni siquiera la formación moral e intelectual humanas son suficientes. La mente, el corazón, el espíritu, toda la persona humana debe ser trasformada por la fuerza de la gracia, que nos viene a través del conocimiento y aceptación de Jesucristo como el Salvador y Redentor de nuestras vidas. Es así como se opera en nosotros la radical trasformación de mente y espíritu, y se crea de verdad una conciencia iluminada por la gracia y el poder del Espíritu divino. De este modo nuestros juicios no solo estarán orientados por los sanos criterios de la moral humana natural, sino iluminados por la luz sobrenatural del Espíritu de Dios.

Formación de la conciencia. Hay muchos factores que inciden en esta formación. Desde el ambiente familiar en que vivimos hasta las amistades, los libros que leemos, los espectáculos y los entretenimientos que nos gustan y los diversos ambientes de los que nos rodeamos: la iglesia, el colegio, la universidad, el deporte, la diversión, el trabajo.

Para el creyente hay un primer principio que debe orientar toda su vida y que contribuirá a la formación de una conciencia recta y sana: *Discernir la voluntad de Dios* en todo momento. Este principio debe orientar nuestra formación. Pablo nos habla de esto en su carta a los Romanos:

> *No se amolden al mundo actual, sino sean trasformados mediante la renovación de su mente. Así podrán comprobar cuál es la voluntad de Dios, buena, agradable y perfecta* (Romanos 12:2).

El sentido de Dios está en la base de la formación de la conciencia. Más que querer conformar nuestra vida a una lista de reglas o leyes estereotipadas, en la raíz de nuestro actuar consciente y recto, debe estar la mirada de Dios que nos ve y su voluntad que nos dirige. Cristo es el modelo perfecto de quien obra con esta clase de conciencia. Nadie como él tuvo un sentido permanente de la presencia de su Padre. Una buena técnica aconsejada por varios autores espirituales es preguntarnos, al tomar decisiones o simplemente al actuar: *¿Qué haría Cristo en mi lugar?*

XI

UNA SANA VIDA CRISTIANA

UNA SANA VIDA CRISTIANA

Vivir la vida de Cristo. Los creyentes, y con mayor razón los pastores, directivos y líderes de la comunidad de fe, estamos llamados a vivir una vida cristiana sana, saludable y floreciente. Y, por supuesto, el modelo es nada más ni nada menos que el mismo Jesucristo. Su enseñanza y ejemplo son la medida de lo mucho o poco que hemos avanzado en lo que los autores espirituales llaman *el camino de la santidad y la perfección cristianas* [1]

Pablo resumió este principio en un par de frases sencillas y profundas de mucho compromiso para el que de verdad quiere seguir a Jesucristo como su discípulo: *Imítenme a mí, como yo imito a Cristo* (1 Corintios 11:1). *... ya no vivo yo sino que Cristo vive en mí* (Gálatas 2:20).

Si nos esforzamos por cultivar esta clase de vida, que procura seguir los lineamientos del evangelio y de la misma vida de nuestro Maestro, nos va a ser más fácil confrontar las tentaciones, derrotar al Enemigo, y desterrar de nuestras vidas el pecado.

---

[1] Véase para un amplio estudio del tema: Antonio Royo Marín, *Los grandes maestros de la vida espiritual*, Biblioteca de Autores Cristianos, Madrid, 1973 pp. 3-35; del mismo autor, *Teología de la perfección cristiana*, Biblioteca de Autores Cristianos, Madrid, 1994.

El fin de la vida cristiana: *La gloria de Dios y nuestra santificación.* Este debe ser el principio, el porqué y el para qué de nuestra vida de fe: buscar la santidad tal como nos la propone Jesús y llevar una vida que nos acerque a él, como modelo, y de esta forma glorificar a Dios. Son, pues, dos los fines que podríamos señalar: un fin *último* o absoluto y otro *próximo* o relativo. El primero es la gloria de Dios; el segundo, nuestra propia santificación.[2]

La gloria de Dios. Dios se glorifica en sí mismo por ser infinito y perfecto, y ninguna criatura puede añadir nada a su gloria. Pero Dios es esencialmente *amor,* y el amor es de por sí comunicativo. Dios quiso, en efecto, comunicar su infinita perfección a las criaturas y de este modo glorificarse. Este es en último término la razón última y la suprema finalidad de su creación. Dios no comparte con nadie la gloria que le pertenece como supremo arquitecto del universo y como Ser infinito, perfecto y único. Por eso las Sagradas Escrituras están llenas de expresiones en las que Dios reclama para sí su propia gloria:[3]

> *Yo soy el Señor; ¡ese es mi nombre!*
> *No entrego a otros mi gloria...* (Isaías 42:8).

> *¡Mira! Te he refinado pero no como a la plata;*
> *te he probado en el horno de la aflicción.*
> *Y lo he hecho por mí, por mí mismo.*
> *¿Cómo puedo permitir que se me profane?*

---

2 Sobre el tema de los fundamentos de la vida cristiana y la relación del cristiano con Dios, véase Javier Garrido, *Una espiritualidad para hoy*, Ediciones Paulinas, Madrid, 1988, pp.63-110.
3 Royo Marín, op. cit pp. 48-50

¡No cederé mi gloria a ningún otro! (Isaías 48:10-11).

Todo debe repercutir en la gloria de Dios. Este es el principio y fin, el alfa y omega de toda acción divina: la creación, la encarnación, la redención y, por supuesto, la santificación que Dios opera en nosotros a través de su Espíritu. Hacia allá tiende todo, como dice el apóstol Pablo:

Cuando todo le sea sometido, entonces el Hijo mismo se someterá a Aquel que le sometió todo, para que Dios sea todo en todos (1 Corintios 15:28).

Por eso el mismo apóstol nos exhorta a no dar un solo paso que no esté encaminado hacia la gloria de Dios:

En conclusión, ya sea que coman o beban o hagan cualquier otra cosa, háganlo todo para la gloria de Dios (1 Corintios 10:31).

Nuestra santificación, fin inmediato de la gloria de Dios. Después de la glorificación de Dios, la vida cristiana tiene por finalidad la santificación de nuestras vidas. Pero, ¿qué significa ser santo? ¿En qué consiste propiamente la santidad? Hay varias formas de contestar estas preguntas. Veamos algunas:

1. La santidad consiste en vivir de una manera cada vez más plena el misterio inefable de la inhabitación de la Trinidad —Padre, Hijo y Espíritu Santo— en nosotros, en nuestras vidas.

2. Consiste en hacernos como Cristo: cristificar nuestra existencia a imagen y semejanza de nuestro Maestro.

3. Cultivar una unión permanente con Dios a través de la fe, la esperanza y el amor que el Espíritu de Dios promueve en nosotros.

4. Conformar nuestra voluntad humana con la voluntad divina.

Una más íntima relación con Dios el Padre, Dios el Hijo y Dios el Espíritu Santo. Esta relación comienza por conocerlos mejor, saber de sus funciones y cómo operan en nuestra vida. La divina revelación nos deja asomarnos al abismo infinito de la realidad de Dios Uno y Trino. Descubriremos a Dios el Padre, que nos ama, porque somos sus criaturas predilectas, fruto de sus manos de infinito poder, que no sólo nos creó, sino que nos redimió después de la caída, y en Jesucristo, su Hijo, nos recibe de nuevo en su reino de amor, misericordia y perdón. Sabremos que el Espíritu de Dios eterno y santo nos acoge, nos fortalece, nos purifica y nos impulsa a vivir la vida de Dios en nuestras propias vidas.[4]

La inhabitación de la Trinidad en el alma del justo. Todo lo arriba dicho y mucho más se da por la inhabitación de la Trinidad en nuestra vida, que es una de las verdades más evidentes en el Nuevo Testamento. Veamos algunos testimonios:

> *El que me ama, obedecerá mi palabra, y mi Padre lo amará, y haremos nuestra vivienda en él* (Juan 14:23).

---

4 Véase la función comunicadora de gracia y vida, desde la Trinidad a la vida del creyente en Carlo María Martíni, Effatá «Ábrete», Ediciones Paulinas, Bogotá, 1993, pp.47-54.

> *¿No saben que ustedes son templo de Dios y que el Espíritu de Dios habita en ustedes? Si alguno destruye el templo de Dios, él mismo será destruido por Dios; porque el templo de Dios es sagrado, y ustedes son ese templo* (1 Corintios 3:16-17).

> *Con fe y amor en Cristo Jesús, sigue el ejemplo de la sana doctrina que de mí aprendiste. Con el poder del Espíritu Santo que vive en nosotros, cuida la preciosa enseñanza que te ha confiado* (2 Timoteo 1:13-14).

La presencia íntima y actuante de Dios, Uno y Trino, como Padre y como Amigo; como Hijo, Redentor, Maestro y Salvador; y como Espíritu de santidad y bondad: este es el hecho colosal, que constituye la esencia misma de la morada de la Santísima Trinidad en el alma justificada por la gracia, fruto de nuestra fe y del amor de Dios. La Santísima Trinidad mora en nuestras almas para hacernos participantes de su vida íntima y trasformarnos en hijos de Dios.

Nuestra respuesta. *¿Cómo vivir este misterio de la divina morada de Dios en nosotros?* (a) En fe, fe viva y actuante que nos impulse a reavivar constantemente esta preciosa realidad de Dios en nosotros, como un estímulo permanente que nos ayude a vivir fieles a tan profundo misterio[5]. (b) En amor sincero a nuestro Dios, que nos una a él con lazos de amistad, identificándonos como sus hijos, y nos ayude a cumplir de verdad en la práctica el primer mandamiento de amar al Señor *con todo el corazón, con toda el alma y con todas las fuerzas* (Deuteronomio 6:4; Marcos 12:30). Como decía

---

5 Véase el tema de la fe, su vivencia y las condiciones humanas y evangélicas que las rodean, en Segundo Galileo, *Luz del Corazón*, Editorial San Pablo, Bogotá, Colombia, 1995.

Bernardo de Claraval: «La medida del amor a Dios es amarle sin medida». (c) En alabanza, reconocimiento y adoración.

«Cristificar» nuestra vida[6]. Dijimos que la santidad consiste en configurar nuestra vida con Jesucristo, es decir «cristificarnos» y «cristificar» nuestra existencia. No seremos auténticos cristianos y «santos» en el sentido de vivir una vida íntegra según los postulados del evangelio, sino en la medida en que vivamos la vida de Cristo; o quizás mejor, en la medida en que Cristo viva su vida en nosotros. El proceso de santificación es un proceso de «cristificación». Las palabras de Pablo: *ya no vivo yo, sino que Cristo vive en mí* (Gálatas 2:20) nos dan la medida de cuándo comenzamos a ser auténticamente «santos». Esto es lo que el mismo apóstol llamaba el misterio de Dios, es decir, a Cristo, en quien están escondidos todos los tesoros de la sabiduría y del conocimiento (Colosenses 2:2-3).

Cristo, camino, verdad y vida[7]. La frase de Cristo: *Yo soy el camino, la verdad y la vida* (Juan 14:6) recoge la base cristológica de la vida espiritual.

Jesucristo, Camino. Es el único camino. Nadie puede ir al Padre sino por él (Juan 14:6). La santidad a la cual nos llama Dios consiste en una participación de la vida divina traída al mundo por Jesucristo. Es Jesucristo quien ha restablecido el plan divino de nuestra salvación, destruido por el pecado de Adán. En adelante Cristo será el único camino para ir al Padre. *Nadie llega al Padre sino por mí* (Juan 14: 6), lo afirma él mismo categóricamente.

---

6 Entre muchos, el tema de «La vida en Cristo» es tratado en profundidad por Tomás Merton en su libro *El hombre nuevo*, Ed. Lumen, Buenos Aires, 1998, pp.127-167. También Segundo Galilea en *La Luz del Corazón*, Ed. San Pablo, Bogotá, 1995. pp. 103- 132.

7 Véase este punto ampliamente tratado en Fedele Pasquero, *Maestro te seguiré, Meditaciones sobre Jesús Camino, Verdad y Vida*. Ed. San Pablo, Bogotá, Colombia, 1991.

Jesucristo, Verdad. Jesucristo no solamente es el camino; es también la verdad. Verdad absoluta e integral. Sabiduría increada, Verbo divino, que nos comunica todos los tesoros de la sabiduría y de la ciencia de Dios.

Jesucristo, Vida. Jesucristo es ante todo y sobre todo nuestra vida. Y lo es de tres maneras: es nuestra vida en cuanto nos mereció la gracia, que es la vida sobrenatural; lo es en cuanto que él es la fuente de esa gracia; y en cuanto que a través de él recibimos la vida de Dios. En resumen: él nos merece la vida de Dios, restaurada en nosotros, gracias a su sacrificio redentor en la cruz; él es autor y causa de nuestra vida, que se difunde en nosotros por la acción del Espíritu; y él es el canal comunicador de esa vida.

«Por él, con él y en él». Esta fórmula resume el cómo vivir el misterio de Cristo en nosotros, y contiene a la vez el secreto para avanzar en el camino de la santidad y perfección cristianas.

«Por él...» Incorporarse cada vez más a Cristo. Vivir nuestra vida por él. Por eso nuestras oraciones todas suben al Padre *por nuestro Señor, Jesucristo*, como el intermediario y el canal de todas las gracias y de la vida misma de Dios.

«Con él...» No basta hacer todo a través de Cristo; hay que hacerlo todo con Cristo, en unión íntima con él. No olvidemos que Cristo, Hombre-Dios, es la fuente y manantial único de la gracia. Él es la cabeza y nosotros los miembros; él es la vid o el tronco y nosotros las ramas; nada podemos hacer sin él, como él mismo lo afirmó. *Separados de mí no pueden ustedes hacer nada* (Juan 15:5). Pero todo lo podemos en él, como él mismo se lo dijo a Pablo cuando éste le pidió que lo liberara de la espina o aguijón clavado en su carne que le atormentaba: *«Te basta con mi gracia, pues mi poder se perfecciona en la debilidad»* (2 Corintios 12:9).

«En él...» Hacer todas las cosas por Cristo y con Cristo tiene un valor incalculable. Pero hacerlas *en Cristo*, en unión con él, tiene un valor insuperable. Estar en Cristo, vivir y actuar en Cristo significa identificarnos plenamente con él: su pensamiento, su voluntad, sus propósitos, su vida misma. De este modo nos hacemos fuertes en nuestra propia debilidad; se amplían los horizontes de nuestra vida hasta la eternidad; se fortalecen nuestras fuerzas y ya nada nos es imposible. Podemos entonces lanzar el grito de victoria del apóstol Pablo cuando, en medio de mil dificultades y pruebas, puso sus ojos en Jesús, sintiéndose integrado a su vida y decidido a seguir sólo su voluntad y exclamó, con profunda convicción: *Todo lo puedo en Cristo que me fortalece* (Filipenses 4: 13). [8]

---

8 Para ampliar este tema, véase Javier Garrido, *Una espiritualidad para hoy*, Ediciones Paulinas, Madrid, 1988. Fedele Pesquero, *Maestro te seguiré*, Editorial San Pablo, Santa Fé de Bogotá, 1991; y Ladislaus Boros, *Decisión Liberadora*, Herder, Barcelo, 1979.

XII

NUESTRAS
LUCHAS

NUESTRAS LUCHAS

Lucha permanente. Mientras estemos en esta vida y en este cuerpo, las luchas contra los enemigos de nuestra alma nunca cesarán. Estas luchas tienen el propósito de desembarazarnos de todo cuanto constituye un estorbo en el camino de nuestra fidelidad al evangelio, que es el mismo camino de la santidad. Estas luchas son de muchas clases, pero podemos resumirlas en luchas contra el pecado, el mundo, el demonio y la carne. En el capítulo sobre las tentaciones estudiamos las argucias del demonio y cómo luchar contra él para vencerlo. En este capítulo vamos a tratar de la lucha contra los otros tres enemigos: el pecado, el mundo y la carne.

I LUCHA CONTRA EL PECADO

Qué es el pecado. En otra parte de este libro definimos el pecado siguiendo al gran teólogo medieval Tomás de Aquino, como «el enemigo número uno de nuestra santificación».[1] Podría decirse que es el enemigo *único,* ya que todos los

---

[1] Aquino Tomás, *Suma teológica I-II*, 71-90. Biblioteca de Autores Cristianos, Madrid 1959.

demás proceden de él o conducen a él. Definimos el pecado como «una trasgresión voluntaria de la ley de Dios». Sus elementos esenciales son: (a) *materia prohibida:* hacer, pensar o desear algo que está prohibido por Dios, su Ley o su Palabra; (b) *plena advertencia:* o conocimiento pleno y consciente de lo que estamos haciendo; (c) *pleno consentimiento:* querer y aceptar hacerlo, con completa voluntad.

Abunda el pecado. Todos somos pecadores por naturaleza. La *naturaleza pecaminosa,* como llama a la carne y a la concupiscencia la Nueva Versión Internacional, está aquí, dentro de nosotros. Pablo lo describe así:

> *Yo sé que en mí, es decir, en mi naturaleza pecaminosa, nada bueno habita. Aunque deseo hacer lo bueno, no soy capaz de hacerlo. De hecho, no hago el bien que quiero, sino el mal que no quiero. Y si hago lo que no quiero, ya no soy yo quien lo hace sino el pecado que habita en mí.* (Romanos 7:18-20).

Los que hemos sido redimidos por la sangre de Cristo y hemos aceptado su evangelio como la regla de nuestra vida, vivimos en una lucha permanente contra el pecado. Muchos otros, por desgracia, viven desentendidos de la existencia del pecado y su acción corrosiva en sus vidas, o sencillamente viven para complacerlo, absorbidos por las preocupaciones de la vida o inmersos en sus negocios e intereses mundanos; devorados por una sed insaciable de placeres y sumidos en una ignorancia crasa de las cosas de Dios y las enseñanzas de su Palabra, no se plantean nunca el problema del pecado y sus consecuencias en esta vida y sobre todo en la vida eterna.

«Almas tullidas». Así llama Teresa de Jesús a estas personas que no caminan por la vida sino que se arrastran en el lodazal del pecado.[2] Necesitan que el Señor las levante y las cure, como al inválido que llevaba treinta y ocho años tendido al pie del estanque de Betzatá sin poder entrar a las aguas milagrosas para curarse. (Véase Juan 5: 1-15.) Estos tales se arriesgan a morir en pecado y perder su vida eternamente.

Cristianos mediocres. Existe una categoría de cristianos a medias, cristianos de «un cristianismo mínimo», consistente en cultivar algunas devociones, asistir de vez en cuando al templo y practicar algunas buenas obras sin tener un compromiso serio con Dios, Jesucristo o el evangelio. Muchos de estos coquetean permanentemente con el pecado y de hecho caen en él con frecuencia. Son creyentes inmaduros que viven una vida sin horizontes espirituales o sobrenaturales. Para ellos las cosas e intereses materiales y temporales constituyen su principal preocupación. Estos están muy expuestos a toda clase de tentaciones y de hecho se dejan vencer por las mismas con gran facilidad. En realidad no temen al pecado, y caer en el mismo se les hace como algo común e inevitable.

Horror al pecado. Por lo arriba visto, el creyente debe cultivar un firme repudio al pecado, como el peor de los males que pueda sobrevenirle. Para lograrlo necesita cultivar su espíritu con el estudio y la meditación de la naturaleza pervertida del pecado, como ofensa a Dios, y como elemento destructor de la vida de relación con el Creador y con Jesucristo, nuestro Redentor. Las Escrituras nos dan material suficiente para ilustrarnos sobre los horrores del pecado y sus consecuencias en la historia del hombre en particular y de la humanidad en general. La oración es un arma poderosa para prevenir la tentación y fortalecernos para evitar caer en ella. Y si por desgracia caemos en pecado, la oración nos permite

---

2 Teresa de Jesús, *Libro de las Moradas*, 1,8.

allegarnos a Dios a través de Jesucristo para arrepentirnos, pedir perdón y emprender el camino de la restauración.

Cómo podemos combatir el pecado. Los autores espirituales y las mismas Escrituras nos indican varios modos de hacerlo:

Huir de la tentación. Esta es la forma más eficaz para vencerlo, porque es preventiva. Antes de que llegue y se apodere de nuestra atención buscando envolvernos en sus pliegues engañosos, nos retiramos, huimos y hacemos caso omiso a sus voces de sirena. Esta estrategia implica *la huida de las ocasiones peligrosas*. Están por todas partes. No hay que salir de casa, la televisión y otros medios nos llevan la tentación y el pecado mismo al hogar. Las ocasiones pueden presentarse en forma de espectáculo o programa audiovisual, una revista o encarnarse en una persona, que resulta mala compañía que nos incita a pecar. Para el borracho puede ser una botella de licor, una fiesta, una compañía que le proporciona la ocasión de caer. Para el chismoso o chismosa puede ser el grupo, la tertulia, etc., etc. Podríamos enumerar miles de oportunidades que se pueden presentar y que debemos rechazar.

Mortificar los sentidos. La tentación, por lo general, entra de fuera y llega a través de los sentidos. Lo que se dice de los ojos puede aplicarse a todos los sentidos: *El sepulcro, la muerte y los ojos del hombre jamás se dan por satisfechos* (Proverbios 27:20).

Jesús amonesta:

> *El ojo es la lámpara del cuerpo. Por tanto, si tu visión es clara, todo tu ser disfrutará de la luz. Pero si tu visión está nublada, todo tu ser estará en oscuridad.* (Mateo 6:22-23).

Esta disciplina es aplicable a otras facultades y sentidos:

El que refrena su lengua protege su vida,
pero el ligero de labios provoca su ruina (Proverbios
13:3).

Avivar la fe. La fe es un medio poderoso para vencer el pecado, pues nos aparta de las cosas baladíes de este mundo y de sus provocaciones pecaminosas y nos ancla en la vida y compañía divinas. Es esta fe viva la que pone de nuestra parte el poder de Dios, y la que nos da la victoria sobre el mal.

En esto consiste el amor de Dios: en que obedezca-
mos sus mandamientos. Y éstos no son difíciles de
cumplir, porque todo lo que ha nacido de Dios vence
al mundo. Esta es la victoria que vence al mundo:
nuestra fe (1 Juan 5:3-4).

Cultivar una escala superior de valores morales. Orientar nuestra vida según los valores superiores de verdad, bondad, virtud y bien que nos enseña el evangelio, desechando la vanidad y malicia mundanas, porque *este mundo, en su forma actual, está por desaparecer* (1 Corintios 7:31); y todos los halagos que nos ofrece son pasajeros y engañosos. Con él pasan los placeres y las concupiscencias (1 Juan 2:17).

Superar el respeto humano.[3] ¡Cuántos cristianos tienen temor o vergüenza de confesar públicamente su fe! Viven pendientes del «qué dirán». Deben recordar la advertencia de Cristo:

---

3 Sobre una fe valiente y auténtica, véase Segundo Galilea, *La luz del corazón*, capítulo sobre «Querer creer», Ed. San Pablo, Bogotá, 1995, pp. 21- 42.

> *A cualquiera que me reconozca delante de los demás, yo también lo reconoceré delante de mi Padre que está en el cielo. Pero a cualquiera que me desconozca delante de los demás, yo también lo desconoceré delante de mi Padre que está en el cielo* (Mateo 10:32-33).

Definitivamente, la invitación de Cristo es a ser valientes en el testimonio de nuestra fe, a identificarnos sin vacilación en su bando: *El que no está de mi parte, está contra mí* (Mateo 12:30). Y Pablo afirma:

> *¿Qué busco con esto: ganarme la aprobación humana o la de Dios? ¿Piensan que procuro agradar a los demás? Si yo buscara agradar a otros, no sería siervo de Cristo* (Gálatas 1: 10).

El cristiano que quiera santificarse y vivir una vida agradable a Dios debe prescindir de lo que el mundo pueda decir o pensar. La actitud valiente de vivir sin vergüenzas ni falsos temores nuestra vida de fe terminará trayéndonos admiración y respeto.

II LUCHA CONTRA EL MUNDO

¿Qué es el mundo? No se define fácilmente por los muchos elementos que lo integran. Básicamente el mundo está constituido por un ambiente o atmósfera adversa a Dios, a su Ley. Es el conjunto de valores, prácticas y criterios anticristianos, contrarios al evangelio que se respira y practica entre la gente que vive alejada de Dios, olvidada de los valores trascendentales, sobrenaturales y eternos, y entregada por completo a las cosas temporales, terrenales y mundanas.[4] El ambiente mundano se manifiesta en cuatro formas diferentes:

164

a) *Las falsas máximas, principios y criterios*, que están en directa oposición al evangelio. El mundo exalta las riquezas, los placeres, la violencia, el fraude, la mentira y el engaño por motivos egoístas, que buscan solo el propio provecho o conveniencia. Todos sirven al propósito de hacer lo que nos venga en gana, salirnos con las nuestras, vivir sin trabas ni reglas que frenen nuestros excesos y caprichos. El lema es: «disfrutemos de la vida», «comamos y bebamos que mañana moriremos». Todo esto nos lleva a invertir el orden de los valores humanos, por no decir los preceptos divinos y valores sobrenaturales. De ahí resulta que un vulgar ladrón es «un tipo hábil en los negocios», un libertino, «una persona de mucho ambiente y alegría»; un impío librepensador, «un hombre amplio de criterio independiente», una mujer ligera, de modales provocativos y vestidos indecentes, «una mujer liberada que está al día en la moda», etc., etc.

b) *Desprecio y burla por las cosas de Dios*. Se desprecia la piedad, la oración, el culto y todo lo que atañe a una vida piadosa de relación con Dios. Se califica de ridículo y aburrido lo que sirve para cultivar los valores espirituales y las prácticas de una moral sana, como por ejemplo, guardarse intacta la pareja hasta el matrimonio, la obediencia y respeto a los padres, la abstinencia de placeres malsanos como el licor y el sexo prohibidos. Son «beaterías», dicen muchos.

c) *Desenfreno y liviandad en los placeres*. La práctica del exceso y desenfreno en toda clase de placeres se ha extendido a todas las esferas de la sociedad y se alaba y practica en mil formas: en los teatros, cines, la televisión, las fiestas, los bailes y las diversiones; las playas, las piscinas y lugares de diversión; publicaciones, modas, fiestas y conversaciones. El placer es la suprema meta de la vida y de todo lo que se hace,

---

4 Véase una disertación amplia sobre el tema del Mundo, por Joseph De Sainte Marie, en el *Diccionario de Espiritualidad*. Editor Ermanno Ancilli, Editorial Herder, Barcelona, 1975, Tomo II pp. 666-675.

no importa a qué costo ni en qué medida. Por conseguirlo se corren todos los riesgos, se sobrepasan todas las barreras y se propician todos los excesos.

d) *Escándalos y malos ejemplos.* La mundanalidad y la disipación tienen sus promotores en todas partes; en cada esquina encontramos avisos, lugares, personas que lo promueven, negocian y ofrecen. Abundan los malos ejemplos y sucios testimonios; los espectáculos y pasajes reales de vidas desastrosas, parejas y matrimonios destruidos, jóvenes y hasta niños perdidos, sumidos en el vicio, malas compañías que incitan al pecado. Tenía razón el apóstol Juan en hacer el agudo contraste entre los «mundanos» y los «hijos de Dios»: Sabemos que somos hijos de Dios, y que el mundo entero está bajo el control del maligno (1 Juan 5:19).

Cómo combatir al mundo. Si pudiéramos aislarnos del mundo, esta sería la solución ideal, y de hecho muchos la han intentado apartándose a vivir una vida de reclusión y recogimiento, en la oración y la penitencia, en monasterios y conventos. Pero la generalidad de los mortales estamos llamados a vivir en medio del mundo y luchar muchas veces en condiciones adversas contra el ambiente mundano, el pecado y las tentaciones que se cruzan en nuestro camino. Nos queda un consuelo: que nuestro Maestro y Señor Jesucristo debió enfrentar la misma realidad sin querer asilarse del medio mundano que lo rodeó y contra el cual tuvo que luchar. Por eso en su oración final pensó en nosotros cuando, dirigiéndose al Padre, le dijo:

> *Yo les he entregado tu palabra, y el mundo los ha odiado, porque no son del mundo, como tampoco yo soy del mundo. No te pido que los quites del mundo, sino que los protejas del maligno* (Juan 17:14-15).

Para protegernos del mal y contrarrestar los embates del mundo, como enemigo de nuestra alma, la Biblia nos aconseja diferentes recursos y estrategias. Veamos algunas:

a) *Huida de las ocasiones peligrosas.* Aunque no podemos separarnos definitivamente del mundo, sí podemos apartarnos de las ocasiones de pecado que el mundo nos presenta: presentaciones, lecturas y espectáculos que incitan al pecado, alimentan las bajas pasiones, denigran los valores cristianos y espirituales. Como lo afirma la sabiduría popular que recogió el libro deuterocanónico del Eclesiástico: «El que ama el peligro, en él perece» (Eclesiástico 3:27).

b) *Cultivar una fe viva.* Una fe viva y practicante es el mayor antídoto a las tentaciones mundanas. Como dice Juan, *Esta es la victoria que vence al mundo: nuestra fe* (1 Juan 5:4). La fe nos ilumina e ilustra haciéndonos descubrir las falsas apariencias de los halagos del mundo, y nos da las razones superiores para elevar nuestra vida al nivel de los hijos de Dios que reconocen su origen divino, no nacidos *de la sangre, ni por deseos naturales, ni voluntad humana, sino de Dios* (Juan 1:13). Esta fe nos hace conscientes de las realidades superiores a las que estamos llamados a vivir: las promesas eternas de felicidad y paz, que superan en mucho los halagos engañosos del mundo y sus placeres; la paz de nuestra alma que el mundo no puede dar; y la nobleza de una vida sana vivida de acuerdo con la voluntad de Dios y sus mandamientos y con las enseñanzas y directivas de Jesucristo y su evangelio.

c) La técnica *de avivar los valores morales y vencer el respeto humano*, que tratamos en el tema anterior sobre cómo vencer el pecado, que son aplicables aquí también para combatir al mundo, sus engaños y tentaciones y superar el ambiente mundano que envuelve hoy a la sociedad en que vivimos.

d) *Cultivar el gusto y amor por los valores y prácticas espirituales.* Hay lugares, personas y actividades donde se inculcan y practican los valores mundanos. Cuando los frecuentamos y practicamos, vamos adquiriendo un apego y gusto por ellos que de ninguna manera nos favorece. No nos mejoran moral o espiritualmente; por el contrario, nos rebajan, ensucian y desvían de los verdaderos valores superiores de nobleza, limpieza y virtud propios de las almas superiores. Y al fin resultamos contaminados, hablando y viviendo, como tantos, una vida frívola y descuidada, cuando no sucia e inmoral. Vale entonces la advertencia y consejo del apóstol Juan:

> *No amen al mundo ni nada de lo que hay en él. Si alguien ama al mundo, no tiene el amor del Padre. Porque nada de lo que hay en el mundo —los malos deseos del cuerpo, la codicia de los ojos y la arrogancia de la vida— proviene del Padre sino del mundo. El mundo se acaba con sus malos deseos, pero el que hace la voluntad de Dios permanece para siempre* (1 Juan 2:15-17).

Por el contrario, la Iglesia, el templo y los grupos e instituciones cristianas que se dedican a cultivar los valores superiores enseñados por el evangelio, con sus cultos y actividades nos acercan a Dios, cultivan nuestra vida de fe y relación con Jesucristo, y se convierten en instrumentos dinámicos de una vida espiritual robusta y saludable. Son todos ellos medios que el Señor nos proporciona para elevar y fortalecer nuestra fe, cultivar las virtudes cristianas y apartarnos de las tentaciones mundanas y de las malas influencias de un ambiente disipado y sucio.

III Lucha contra la carne

El enemigo dentro de nosotros. Mundo y demonio son nuestros más formidables enemigos *externos*. Pero aquí dentro, en cada uno de nosotros, encima de nosotros poseemos un terrible enemigo *interno*, aún más fuerte que el mundo y el demonio, y es nuestra propia *carne*. Es así como la identifican y traducen en la Biblia algunas versiones tradicionales de las Escrituras. La Nueva Versión Internacional y otras versiones modernas la llaman *nuestra naturaleza pecaminosa*, que es una expresión más completa y abarcadora de todo lo que significa este terrible enemigo.[5] Es más fácil vencer al mundo y al mismo demonio huyendo de ellos, resistiendo su poder con la ayuda y la asistencia de Dios y su gracia. Al fin y al cabo ambos enemigos están fuera de nosotros; pero la *carne, o nuestra propia naturaleza pecaminosa* nace con nosotros y vive en nosotros y con nosotros y no podemos desprendernos de ella. Sus ataques son desde adentro y necesitamos de mucha disciplina, valor y entereza para resistirlos.

Horror al sufrimiento y ansias de placer. Estas dos tendencias enraizadas aquí en lo profundo de nuestro ser, corrompido por el pecado, son las que hacen mayor resistencia a vivir una vida de santidad de acuerdo con los postulados y exigencias del evangelio. La única manera de vencerlas es la que Cristo nos señala: la renuncia a nosotros mismos, a nuestras tendencias pecaminosas y concupiscencias, a los arranques de nuestra carne corrompida. Esto es lo que quiso decir Jesús cuando nos advirtió:

---

5 Sobre la naturaleza de la «carne», su significado en diferentes culturas, como la griega y la romana, y su definición y sentido dentro del marco del Antiguo y Nuevo Testamentos, véase artículo por A.M. Lanz, en *Diccionario de espiritualidad*, (Ed. Emanno Ancilli) Editorial Herder, Barcelona, 1987 pp.343-344.

—*Si alguien quiere ser mi discípulo, que se niegue a sí mismo, lleve su cruz cada día y me siga (Lucas 9:23). El apóstol Pablo lo especificó claramente: Los que son de Cristo Jesús han crucificado la naturaleza pecaminosa [la carne], con sus pasiones y deseos* (Gálatas 5:24).

En su carta a Tito, Pablo describe el estado lastimoso del hombre pecador, sometido a los deseos de la carne, comparándolo con el hombre liberado de la esclavitud de la carne:

En otro tiempo también nosotros éramos necios y desobedientes. Estábamos descarriados y éramos esclavos de todo género de pasiones y placeres. Vivíamos en la malicia y en la envidia. Éramos detestables y nos odiábamos unos a otros. Pero cuando se manifestaron la bondad y el amor de Dios nuestro Salvador, él nos salvó, no por nuestras propias obras de justicia sino por su misericordia (Tito 3:3-5).

Dos tendencias difíciles de resistir. Las dos constituyen los dos grandes obstáculos para abrazar el camino de la salvación y santidad y avanzar en el mismo: a) *La huida al sacrificio*, que exige, como dice Cristo, renuncia a los placeres malsanos y prohibidos; y b) *el afán insaciable de placer*. Es la tendencia propia de nuestra sensualidad, que quiere verlo todo, disfrutarlo todo, sentirlo todo: lo bueno y lo malo, lo limpio y lo sucio, lo permitido y lo prohibido. Fue parte de la inicial tentación, en la que cayeron nuestros primeros padres en el paraíso. *El horror al sufrimiento* no es más que consecuencia de este deseo desaforado de placer, es su aspecto negativo. Huimos del dolor porque amamos el placer. Esta tendencia al placer es lo que los autores espirituales y la Biblia identifican con la palabra *concupiscencia*:

No reine, pues, el pecado en vuestro cuerpo mortal, de modo que lo obedezcáis en sus concupiscencias (Romanos 6:12 RVR). La Nueva Versión Internacional traduce la palabra como *malos deseos*.

La concupiscencia o deseo incansable de placer. Tomás de Aquino define la *concupiscencia* como «el apetito del placer».[6] De suyo no es malo; es parte de nuestra naturaleza y tiene que ver con nuestra conservación. Sentimos placer en comer, en la brisa y el frescor de la tarde; en ejercitar nuestras facultades sensibles y aun en la actividad sexual reproductiva. Todo este sano ejercicio de nuestras facultades sensibles, sin embargo, se corrompió con la llegada del pecado. Todas ellas se convirtieron en apetitos desenfrenados, sin control, que no quieren estar sometidos a los valores y controles de la razón y de la Ley de Dios, que marcan los límites dentro de los cuales se pueden ejercer. Nadie como Pablo ha descrito mejor este fenómeno de la concupiscencia y las pasiones que dominan nuestra naturaleza pecaminosa:

Sabemos, en efecto, que la ley es espiritual. Pero yo soy meramente humano, y estoy viviendo como esclavo al pecado. No entiendo lo que me pasa, pues no hago lo que quiero, sino lo que aborrezco. Ahora bien, si hago lo que no quiero, estoy de acuerdo en que la ley es buena; pero, en ese caso, ya no soy yo quien lo lleva a cabo sino el pecado que habita en mí. Yo sé que en mí, es decir, en mi naturaleza pecaminosa [mi carne] nada bueno habita. Aunque deseo hacer lo bueno, no soy capaz de hacerlo. De hecho, no hago el bien que quiero, sino el mal que no quiero. Y si hago lo que no quiero, ya no soy yo

---

6 Aquino, Tomás, *Suma Teológica I-II*, 30,1.

quien lo hace sino el pecado que habita en mí.

Así que descubro esta ley: que cuando quiero hacer el bien, me acompaña el mal. Porque en lo íntimo de mi ser me deleito en la ley de Dios; pero me doy cuenta de que en los miembros de mi cuerpo hay otra ley, que es la ley del pecado. Esta ley lucha contra la ley de mi mente, y me tiene cautivo. ¡Soy un pobre miserable! ¿Quién me librará de este cuerpo mortal? ¡Gracias a Dios por medio de Jesucristo nuestro Señor!

En conclusión, con la mente yo mismo me someto a la ley de Dios, pero mi naturaleza pecaminosa [mi carne] está sujeta a la ley del pecado (Romanos 7:14-25).

Un combate a muerte. Lo que nos describe el apóstol aquí es un combate a muerte entre la carne y el espíritu, que todos debemos sostener contra nosotros mismos. Es la lucha que no cesa un momento por someter nuestros instintos corporales al control y gobierno de la razón, de la mente, iluminadas por la fe y fortalecidas por la gracia de Dios. Muchas veces es difícil señalar el límite entre el placer honesto y el desorden, el placer prohibido. Influyen también las tendencias naturales necesarias para la conservación del individuo y de la especie: la nutrición, la reproducción, el disfrute de la vida y el progreso. La satisfacción de estas tendencias nos proporciona deleite y placer. El mal está en buscar el placer por el placer, y a toda costa, aun sacrificando los valores superiores y las leyes divinas y humanas que señalan los límites y la medida adecuada, hasta donde podemos llegar. En el placer de la comida y de la bebida, por ejemplo, el glotón y el borracho se exceden hasta el punto de comer por gula, o beber por vicio hasta perder el control de sus facultades. En ambos casos se degrada el individuo de su calidad racional a la calidad de un animal, y aun peor que un animal.

Los pecados de la carne degradan nuestra naturaleza y nos separan de Dios.[7] Unos pecados llevan a otros. Por lo general el exceso en la comida y los placeres de la mesa y la bebida llevan a la lujuria. Las Sagradas Escrituras los asocian: *El vino y las mujeres extravían a los sensatos* (Eclesiástico 19:2). *No se emborrachen con vino, que lleva al desenfreno* (Efesios 5:18). El vicioso va perdiendo su fisonomía racional y humana, y cuando está bajo los efectos de las pasiones, obra dirigido por los instintos animales. Todo esto lo imposibilita para buscar a Dios, cultivar con él una relación adecuada y cercana de santidad y virtud. El hombre o la mujer sensual no sólo no está unido con Dios, sino que pierde por entero el sentido de lo divino, como lo dice el apóstol Pablo:

> *El hombre animal [otras versiones como la NVI traducen: el que no tiene el Espíritu] no acepta lo que procede del Espíritu de Dios, pues para él es locura. No puede entenderlo, porque hay que discernirlo espiritualmente* (1 Corintios 2:14).

Esclavo del pecado, del vicio y de las pasiones, ha dejado las alturas superiores del espíritu para hundirse en la vileza de la carne.

Remedios contra la «carne» y la concupiscencia. La sabiduría humana y las reglas de ética natural enseñan algunos remedios para luchar contra las tendencias bajas de nuestra carne o naturaleza pecaminosa. Pero los más eficaces provienen de la fe y traen el sello de lo sobrenatural. Mencionemos algunos que, aunque pertenecen al campo natural y humano, podemos elevarlos al campo sobrenatural cuando los acompañamos con oración y fe:

---

7 Véase Royo Marín op. cit pp. 324-327.

1. *Cuidarnos de las cosas y placeres lícitos, que pueden conducirnos a lo prohibido e ilícito.* Hay que ejercer la prudencia y la moderación para conocer los límites, y es sabio aun privarnos de placeres y sensaciones lícitos que traen peligro de convertirse fácilmente en ilícitos. El control de nuestros sentidos —los ojos, el tacto, el gusto— que pueden llevarnos a sensaciones aparentemente inocentes e inofensivas, es una técnica preventiva de mucho valor. A esta disciplina de prevención y control se refiere el autor del Eclesiastés cuando afirma: *El sabio tiene los ojos bien puestos, pero el necio anda a oscuras* (Eclesiastés 2:14). Y el libro de los Proverbios es todavía más explícito cuando nos advierte:

Aleja de tu boca la perversidad; aparta de tus labios las palabras corruptas. Pon la mirada en lo que tienes delante; fija la vista en lo que está frente a ti. Endereza las sendas por donde andas; allana todos tus caminos. No te desvíes ni a diestra ni a siniestra; apártate de la maldad. (Proverbios 4:24-27).

2. *Perderle el miedo a la renuncia, al dolor y al sufrimiento.* Todos debemos pasar por pruebas y dolores. Estos pueden llevarnos a la ruina moral y emocional, además del mal físico que nos pueden causar. Todo depende de cómo los sufrimos. La actitud y convicción que mostramos, la entereza de ánimo y fortaleza de voluntad para soportarlos hacen la diferencia y de paso nos preparan para dominar nuestro cuerpo y todos sus sentidos y sensaciones. El gran autor francés Fenelón decía en su libro de *Las Aventuras de Telémaco:* «El que no ha sufrido no sabe nada; no conoce ni el bien

ni el mal; ni conoce a los hombres ni se conoce a
sí mismo».[8] Y otro escritor francés de prestancia
y valor, B. Saint-Bonnet, agregaba:

*Solamente el dolor penetra en el alma lo bastante
para hacerla más grande. Él despierta en ella los
sentimientos hasta entonces insospechados. Hay en
el alma lugares muy encumbrados donde duerme la
vitalidad, y adonde sólo el dolor puede llegar.* [9]

3. *Cuidarse de la ociosidad.* Se dice que «la pereza es
la madre de todos los vicios». [10] El hecho es que
las bajas pasiones y la sensualidad encuentran un
terreno abonado en la persona ociosa. Pero especialmente las pasiones y bajos instintos carnales
atacan a los desocupados, que pasan su tiempo sin
hacer nada. Cuando estamos ocupados en alguna labor productiva y nuestra mente se entrega al
trabajo creativo, no tenemos tiempo ni atención
para las tentaciones malsanas. El famoso filósofo
hispano-romano Séneca decía: «El ocio, si no va
acompañado del estudio, es la muerte y sepultu-
ra de la vida del hombre».[11] Y el escritor britá-
nico Edmundo Burke afirmaba: «De nada hemos
de precavernos tanto como de la ociosidad, pues
absorbe más tiempo que cualquier otra ocupación
y nos impide ser dueños de nosotros mismos».[12]
Rematemos con esta máxima bíblica: *Por causa
del ocio se viene abajo el techo, y por la pereza
se desploma la casa* (Eclesiastés 10: 18).

8   Fenelón, Aventures de Telémoque, citado por Samuel Vila en: *Enciclopedia de citas morales y religiosa*, Ed. Clie, Barcelona, 1976, p.146.
9 B. Saint-Bonnet, *La douleur*, ibd..p.47.
10 *Libro del Eclesiástico* (33: 29)

4. *Huir de las ocasiones peligrosas.* No debemos exponernos a los peligros y tentaciones de pecado. Debemos ejercer la virtud de la prudencia. Por fuertes que nos sintamos, nuestros sentidos se excitan, y la fantasía se enciende alimentando las pasiones que debilitan nuestra voluntad, haciéndonos caer en la tentación y el pecado. Vigilancia y oración permanentes son las armas aconsejadas por el mismo Cristo para no dejarnos inducir al pecado imprudentemente, coqueteando con él. *Estén alerta y oren* – aconseja Jesús – *para que no caigan en tentación* (Mateo 26:41).

5. *Ser conscientes de nuestra dignidad como hijos de Dios.* Por el hecho de ser criaturas humanas, hechas a imagen y semejanza de Dios, poseemos ya una altísima dignidad por encima de todas las otras criaturas. Pero esta dignidad se acrecienta hasta lo infinito cuando nos hacemos «cristianos», «hijos de Dios», por la fe y la aceptación de la vida de Dios en nosotros a través de Jesucristo. Debemos ser conscientes de este privilegio y dignidad, y de vivir de acuerdo con el mismo. Esta calidad de «hijos de Dios» implica muchas cosas, entre ellas llevar una vida en este mundo que vaya de acuerdo con la vida que viviremos en la eternidad, ya que somos dueños de una herencia eterna de vida. Como dice el apóstol Pablo: *Y si somos hijos, somos herederos; herederos de Dios y coherederos con Cristo, pues si ahora sufrimos con él, también tendremos parte con él en su gloria* (Romanos 8:17). Esta dignidad que nos alcanza tales

11 L.A. *Séneca Epístolas,* LXXXVI
12 Citado por *Samuel Vila en Enciclopedia de Citas morales y religiosas,* Clíe Barcelona 1976, p.231.

títulos de gloria y vida eterna, supera no sólo a la dignidad de todas las criaturas, sino a los mismos ángeles. Pablo recordaba esto a los Corintios:

¿No saben que sus cuerpos son miembros de Cristo mismo? ¿Tomaré acaso los miembros de Cristo para unirlos con una prostituta?... Huyan de la inmoralidad sexual. Todos los demás pecados que una persona comete quedan fuera de su cuerpo; pero el que comete inmoralidades sexuales peca contra su propio cuerpo. ¿Acaso no saben que su cuerpo es templo del Espíritu Santo, quien está en ustedes y al que han recibido de parte de Dios? (1 Corintios 6:15-19).

6. *La oración perseverante.* No podremos superar las tentaciones de la carne sin el auxilio de la gracia de Dios. Ponemos a Dios de nuestra parte y demandamos su gracia y ayuda a través de la oración. Por eso Jesucristo, a la vigilancia añadió la oración como estrategia de triunfo sobre las tentaciones. Repitámoslo una vez más: *Estén alerta y oren* (Mateo 26:41). *Oren sin cesar*, aconseja Pablo (1 Tesalonicenses 5:17).

XIII

UNA VIDA DE FE

UNA VIDA DE FE

Contra todo los obstáculos. El mejor antídoto contra todas las tentaciones, y la ayuda más poderosa y efectiva para nuestras luchas es una vida intensa y activa de fe.

Creerle a Dios. La fe abarca realidades pasadas que no tuvimos la oportunidad de ver, y realidades futuras que aún no han sucedido. Si le creemos a los hombres, ¿por qué no creerle a Dios? En realidad la vida sin fe carece de sentido; y la vida cristiana mucho más, sería un absurdo. Todo lo que somos, vivimos y aspiramos se basa en la fe. Creemos en un Dios Creador aunque no estuvimos presentes en la creación; creemos en Jesucristo, Hijo de Dios, aunque no tuvimos roce físico con él; creemos en el cielo y en la vida eterna como realidades prometidas por Dios, aunque todavía no las hemos experimentado. Pero, como ejemplos, estas realidades se han hecho parte de nuestra vida, que carecería de sentido y fundamento si no las aceptáramos. En realidad, vivimos por la fe o como dice el apóstol Pablo: *El justo vivirá por la fe* (Romanos 1:17).

El compromiso de creer. La fe compromete nuestra vida porque afecta directamente nuestra voluntad. El hombre y mujer de fe hacen de su fe una vivencia permanente que penetra en todo lo que piensa, desea y hace. Es por esto que una vida de fe genuina y madura nos mantiene preparados para dar todas las batallas contra las insidias del Maligno y nos fortalece para las múltiples luchas por mantenernos fieles e íntegros delante de nuestro Dios. El autor de la carta a los Hebreos nos regala, en el capítulo 11, una descripción clara y preciosa de lo que significa creer o tener fe. Después de definirla en una forma muy práctica y descriptiva, como *la garantía de lo que se espera, la certeza de lo que no se ve,* nos pasea por la historia bíblica, para mostrarnos la fe en acción en las vidas de todos los siervos de Dios, desde Abraham hasta Moisés, y desde Moisés hasta Cristo. Otro tanto ocurre con los actores que rodearon la vida de Jesús, comenzando por su madre. Todos aceptaron su papel como actores y colaboradores en la empresa salvadora de Jesús, movidos exclusivamente por la fe: desde María, que se doblegó a la voluntad de Dios, trasmitida por el ángel, a ser la madre en la tierra de Jesús, hasta cada uno de los apóstoles quienes, dejando sus redes o sus oficios, siguieron dócilmente al Maestro. Todos estos personajes fueron de verdad hombres y mujeres de una vida de fe auténtica e intensa. Y fue este el secreto de sus triunfos en las mil batallas que tuvieron que dar para mantenerse fieles al llamamiento y misión dados por Dios y Jesucristo. Todos eran hombres y mujeres como nosotros, con virtudes y defectos, rodeados de limitaciones y expuestos a miles de tentaciones. Pero lo hermoso es que en todos ellos triunfó la fe en su Dios y en su Maestro, y en el evangelio que les fue encomendado vivir y predicar.

Actuar según la fe. Actuar según la fe es vivir la vida siguiendo los derroteros marcados por la voluntad divina. Es dejarse guiar por Dios y su Palabra. Y no es difícil si podemos creer que Dios nos ama y quiere lo mejor para nosotros; y Jesucristo, nuestro Maestro y Salvador, secunda con su gracia todos los esfuerzos que hacemos por serle fieles. Deberemos renunciar a algunas cosas que, en último término, no nos convienen y nos hacen mal. Una reflexión que nos haría mucho bien es preguntarnos sinceramente cómo vivimos y actuamos ordinariamente, si nuestros actos y deseos están dirigidos por nuestra fe en Dios o por nuestros intereses egoístas o motivos temporales y humanos, cuando no sucios y pecaminosos. El mejor negocio que podemos hacer es aprender a creerle a Dios. Como afirma el conocido teólogo contemporáneo Segundo Galilea: «Creer en lo que Dios hace es unir la fe con la vida».[1]

Pruebas de fe. ¿Cómo probamos que nuestra fe es auténtica? Hay ciertas áreas de la vida que, según las vivamos, nos dan una prueba de la autenticidad de nuestra fe. Por lo general todo mundo cree en Dios de una u otra forma; pero la mayoría de las veces es una especie de Dios supersticioso a quien manipulamos para que haga cosas cuando se las pedimos, y no nos exija nada. Todos confiesan creer en alguna forma en la vida después de la muerte, pero nunca se preocupan en prepararse para ella. Viven como si no se fueran a morir. Todo esto acusa serios vacíos de una fe religiosa pobre y falta de autenticidad.

La oración, ejercicio de fe. Nada revela más la fe de una persona que la forma como practica la oración. Sólo como un recurso para los momentos de apuro; como un arma para atacar a los enemigos; o como un encuentro amoroso y personal con Dios, en el que lo primero es el reconocimiento de la grandeza del Señor de nuestras vidas, el agradecimiento a su

---

1 Galilea, Segundo, *La luz del corazón*, Editorial San Pablo, Santa Fe de Bogotá, 1995, p. 17.

Providencia que nos colma de favores y la entrega de nuestra voluntad a sus designios sabios y justos. La oración puede convertirse en una ocasión maravillosa de un encuentro con la Majestad divina o en un simple mecanismo de consuelo y justificación de nuestra calidad humana débil y frágil. «La oración y la fe van tan radicalmente unidas, que se afectan mutuamente. Una fe débil pierde sentido de la oración; una oración débil lleva a la anemia de la fe».[2]

La fe como vivencia. La fe es un acto vital, no un simple ejercicio intelectual y mucho menos emocional. La fe es una convicción sembrada en nuestra conciencia, que afecta nuestra voluntad e incide en nuestra vida activa y efectivamente. La fe nos compromete; es una convicción que crea compromiso con Aquel a quien creemos y en quien creemos. Las convicciones, las certezas y los compromisos son estados mentales que se originan en el fondo del alma y cambian nuestras actitudes y criterios de vida: nos convierten en personas diferentes que viven por principios y razones diferentes del resto del mundo. La fe es una opción vital y permanente que nos lleva a vivir de modo diferente y mejor, a establecer prioridades y preferencias superiores. La fe promueve y fundamenta en nosotros otras realidades de valor infinito, como lo son el amor y la esperanza. Por eso nada está más lejos de la fe auténtica que los sentimentalismos y emociones. La fe es algo muy serio que no se manifiesta en poses sentimentales o emociones superficiales, sin ningún compromiso profundo del alma y de la vida.

La fe, un don de Dios. Por todo lo anterior podemos descubrir cómo la fe no es simplemente un fenómeno humano, sino que se roza con los divino. La fe es un don de Dios, una gracia de su Espíritu que todo mundo puede adquirir o

---

2 *Segundo Galilea*, op. cit p. 22.

recibir. Porque Dios la concede a todo el que la busca con sincero corazón y genuino deseo de obtenerla. A esto se refería Jesús cuando dijo:

> *Pidan, y se les dará; busquen, y encontrarán; llamen, y se les abrirá. Porque todo el que pide, recibe; el que busca encuentra; y al que llama, se le abre* (Mateo 7:7-8).

Por ahí comienza todo: en una búsqueda sincera de la fe: en querer creer; y querer creer es ya fe.

Un enemigo mortal de la fe. Un estilo de vida pecadora o contaminada con los vicios, que va en contra de la voluntad y la ley divinas es un obstáculo formidable contra la fe. La fe es exigente, y al abrazarla nos veremos ante una alternativa vital: o bien dejar muchas de las falacias y malos hábitos, vicios e inclinaciones malsanas que han arruinado nuestras vidas, o continuar abrazados al pecado y dejar que se apodere de nuestra mente y corazón en tal forma que obnubile nuestra inteligencia para no comprender, y nuestra voluntad para no sentir los beneficios de la fe. Y es que la fe es totalizante: exige un cambio total de criterios y de vida. Esto es lo que en griego se llama *metanoia*, y en español, *conversión*. Así como la fe influye en la vida, uno termina creyendo lo que vive.

Crecer en la fe. La fe es una facultad que crece y madura con el ejercicio. Jesús la compara con una semilla, o un granito de mostaza (Mateo 17:20; Lucas 17:6); una semilla que, si cae en buen terreno y se cultiva, germina y crece hasta hacerse una planta robusta y fuerte. De esta hermosa comparación podemos sacar varias conclusiones:

1. Como ya lo hemos dicho, la fe tiene un valor y fuerza misteriosos, sencillamente porque es de origen divino. La mente o la capacidad creativa humana no pueden producir fe.
2. Por venir de Dios y tener calidad divina, la fe es una fuerza sobrenatural que nos permite penetrar hasta la intimidad misma de Dios. Nos da un conocimiento superior que la razón y la inteligencia humanas no pueden alcanzar.
3. Pero al mismo tiempo la fe se convierte en una fuerza poderosa para vivir de acuerdo con las leyes y designios divinos, superando los obstáculos que el Enemigo coloca en nuestro camino.
4. Y todo esto nos viene como un don gratuito, que no merecemos. El don de la fe es una de las pruebas más fehacientes del amor de Dios.

Sin embargo, este regalo divino se nos concede para cultivarlo y hacerlo crecer, semejante a una planta delicada que se alimenta de la gracia. Como toda facultad, se debe ejercer; el ejercicio la fortalece y agiliza. La fe que no se ejercita se anquilosa y muere. Por eso debemos hacer funcionar nuestra fe. Cada vez que hacemos un acto de fe, provocamos una acción de Dios, que es el objetivo primordial de nuestra fe. Pero a la vez, es él quien, a través de su Espíritu, la sostiene y perfecciona.

Cultivar y purificar nuestra fe. Somos responsables de nuestra fe y debemos cultivarla, alimentarla, defenderla. Recordemos que este don divino lo llevamos en un vaso frágil de barro. Si la descuidamos, puede pasarnos lo que dice Santiago en su clara comparación entre fe viva y fe muerta:

---

3 Véase todo el pasaje sobre el tema de la fe y las obras, en Santiago 2:14-26.

*Hermanos míos, ¿de qué le sirve a uno alegar que
tiene fe, si no tiene obras?... Pues como el cuerpo,
sin espíritu está muerto, así también la fe sin obras
está muerta* (Santiago 2: 14 y 26[3]).

Las exigencias de Jesús. La fe descrita por Santiago,
madura y robusta, que produce frutos, es la que Jesús exige
a sus seguidores. A veces sus palabras suenan desafiantes:
*¿Será que cuando venga el Hijo del hombre, encontrará fe
sobre la tierra?* (Lucas 18:8). Y no cesa de exigir una fe viva,
a toda prueba:

> —*Les aseguro que si tienen fe y no dudan,... no sólo
> harán lo que he hecho con la higuera,*[4] *sino que po-
> drán decirle a este monte: "¡Quítate de ahí y tírate
> al mar!", y así se hará. Si ustedes creen, recibirán
> todo lo que pidan en oración* (Mateo 21:21-22).

La fe que Jesús espera de sus seguidores es una fe viva, vi-
gorosa y atrevida, que no admite ninguna clase de duda, que
se fundamenta no en experiencias sensoriales o racionales,
sino que sencillamente acepta lo que Dios y Cristo afirman
o prometen. Esta es la fe gloriosa que Jesús reclamaba a sus
discípulos y que Tomás no tuvo: *Porque me has visto, has
creído —le dijo Jesús— ; dichosos los que no han visto y sin
embargo creen* (Juan 20:29). La fe de Tomás, evidentemente,
era débil y necesitaba fortalecerse, como la fe de muchos de
nosotros.

---

4 Se refiere a la higuera que había maldecido, por falta de frutos. Véase Mat 21:18-22.

Cómo se fortalece la fe.

a) *La fe se alimenta en primer término con la Palabra de Dios*, leída, meditada, escuchada, explicada e interpretada por la iglesia y sus ministros. Es esta una de las funciones primordiales de la Escritura: fortalecer la fe de los creyentes con el fin de habilitarlos para producir frutos, como advierte Pablo a su discípulo Timoteo:

> *Desde tu niñez conoces las Sagradas Escrituras, que pueden darte la sabiduría necesaria para la salvación mediante la fe en Cristo Jesús. Toda la Escritura es inspirada por Dios y útil para enseñar, para reprender, para corregir y para instruir en justicia, a fin de que el siervo de Dios esté enteramente capacitado para toda buena obra* (2 Timoteo 3:15-16).

La Palabra está en el origen de la fe. De acuerdo con la parábola del sembrador, la Palabra de Dios es como la semilla que, al sembrarse, produce el árbol de la fe. (Véase Mateo 13:1-9.)

b) *La fe se alimenta en segundo término con la oración.* La Palabra es el medio maravilloso inventado por Dios mismo y llevado a su más alto nivel de comunicación con el Padre por Jesucristo. La fe sostiene la vida de salvación y la gracia que la Palabra siembra en nosotros. Esta es una vida de fe, regalo de Dios, que se alimenta de oración, como el canal natural de gracia y bendición establecido por el mismo Dios para darnos su amor, su gracia y sus cuidados.

c) *En último término, la fe se alimenta con el ejercicio.* Como toda facultad, la fe se atrofia si no se ejercita. Todos los días tenemos múltiples oportunidades para ejercitar nuestra fe: en cosas pequeñas y en grandes empresas, proyectos o desafíos. Vivir un vida de fe debe ser casi una rutina diaria que nos permita introducir a Dios en nuestra actividades ordinarias; que nos haga sentir su Providencia, dirigiendo con amor todo lo que nos ocurre; una fe que nos hace buscar la voluntad divina sabia y perfecta para nuestras vidas y nos lleva a referir a él nuestros triunfos y fracasos, nuestra alegrías y dolores. «La fe honra a Dios; Dios honra la fe».[5]

---

5 De "Manantiales en el desierto", citado por Samuel Vila, en Enciclopedia de citas morales y religiosas, Ed. Clie, Barcelona, 1976, p.185.

Para terminar

El Salmo de las cuatro miradas

EL SALMO DE LAS CUATRO MIRADAS

SALMO 73

En verdad, ¡cuán bueno es Dios con Israel,
  con los puros de corazón!
2 Yo estuve a punto de caer,
  y poco me faltó para que resbalara.
3 Sentí envidia de los arrogantes,
  al ver la prosperidad de esos malvados.
4 Ellos no tienen ningún problema;
  su cuerpo está fuerte y saludable.
5 Libres están de los afanes de todos;
  no les afectan los infortunios humanos.
6 Por eso lucen su orgullo como un collar,
  y hacen gala de su violencia.
7 ¡Están que revientan de malicia,
  y hasta se les ven sus malas intenciones!
8 Son burlones, hablan con doblez,
  y arrogantes oprimen y amenazan.
9 Con la boca increpan al cielo,
  con la lengua dominan la tierra.
10 Por eso la gente acude a ellos
  y cree todo lo que afirman.

11 Hasta dicen: «¿Cómo puede Dios saberlo?
  ¿Acaso el Altísimo tiene entendimiento?»
12 Así son los impíos;
  sin afanarse, aumentan sus riquezas.
13 En verdad, ¿de qué me sirve
  mantener mi corazón limpio
  y mis manos lavadas en la inocencia,
14 si todo el día me golpean
  y de mañana me castigan?
15 Si hubiera dicho: «Voy a hablar como ellos»,
  habría traicionado a tu linaje.
16 Cuando traté de comprender todo esto,
  me resultó una carga insoportable,
17 hasta que entré en el santuario de Dios;
  allí comprendí cuál será el destino de los malvados:
18 En verdad, los has puesto en terreno resbaladizo,
  y los empujas a su propia destrucción.
19 ¡En un instante serán destruidos,
  totalmente consumidos por el terror!
20 Como quien despierta de un sueño,
  así, Señor, cuando tú te levantes,
  desecharás su falsa apariencia.
21 Se me afligía el corazón
  y se me amargaba el ánimo
22 por mi necedad e ignorancia.
  ¡Me porté contigo como una bestia!
23 Pero yo siempre estoy contigo,
  pues tú me sostienes de la mano derecha.
24 Me guías con tu consejo,
  y más tarde me acogerás en gloria.
25 ¿A quién tengo en el cielo sino a ti?
  Si estoy contigo, ya nada quiero en la tierra.
26 Podrán desfallecer mi cuerpo y mi espíritu,
  pero Dios fortalece mi corazón;
  él es mi herencia eterna.

27 Perecerán los que se alejen de ti;
tú destruyes a los que te son infieles.
28 Para mí el bien es estar cerca de Dios.
He hecho del Señor Soberano mi refugio
para contar todas sus obras.

LAS CUATRO MIRADAS:

Un salmo para los momentos de prueba y tentación. El Salmo 73 nos coloca en la situación en que todos nos encontramos con frecuencia: atacados por las pruebas, la aflicción y la tentación, y muy conscientes de nuestra debilidad y flaqueza. Es como si estuviéramos indefensos frente a un mundo amenazante, poblado de enemigos y tentaciones. El salmista autor de esta pieza magistral describe esta situación utilizando hábilmente la estructura gramatical del salmo, en la que las personas y los tiempos del verbo tienen mucha importancia. En efecto, podemos dividir la estructura del salmo en cuatro partes, a las que podemos denominar «miradas»: cuatro miradas correspondientes, cada una de ellas, a cuatro formas de los pronombres personales o sujetos, que a su vez corresponden a cuatro formas verbales. Esta es la división:

Introducción: Vss. 1-2.

Primera mirada: Vss. 3-12. Pronombres en tercera persona: «Ellos»; verbos en tercera persona plural.

Segunda mirada: Vss. 13-17. Predomina el pronombre en primera persona del singular: «Yo» y los verbos en la misma persona.

Tercera mirada: Vss. 18-20. Pronombres y verbos en segunda persona del singular: «Tú».

Cuarta mirada: Vss. 21-28. Se unen los pronombres «yo» y «tú» con verbos en sus correspondientes personas.

Introducción: Vss 1-2. Como ocurre en la mayoría de los salmos los primeros versículos enuncian la materia o contenido del salmo. Nos dicen de qué va a tratar el salmo; cuál es su tesis o proposición principal y básica. En este caso estos dos primeros versículos nos aseguran de la bondad y asistencia divinas, si las buscamos con buen corazón. Es decir con fe y buena voluntad. Él no abandona a sus hijos, aún en el caso en que, al ser tentados, estén en peligro de caer; y, habiendo caído, quieren levantarse. Podemos contar con Dios y su poder, en cualquier circunstancia, siempre y cuando lo busquemos, confiando en su bondad, con un corazón limpio y sincero.

Primera mirada: Mirada de angustia y preocupación (vss. 3-12). Descubrimos a los «enemigos»: «Ellos», los que nos rodean amenazantes. Son los malvados que con «sus» argucias, invectivas y engaños, nos desestabilizan, acosan y angustian. El salmo los llama «arrogantes» y «malvados», que aparentemente prosperan. Son fuertes y saludables. Lucen orgullosos y hacen gala de su maldad y violencia. Revientan de malicia y están llenos de malas intenciones. Hablan con doblez y nos amenazan, arrogantes. Es la situación del justo rodeado de enemigos que el salmo identifica con el pronombre genérico de «ellos». En este «ellos» podemos incluir las pruebas y tentaciones, los enemigos que hemos descrito en este libro y a los mismos demonios exteriores e interiores. Vistos así, nos traen solo dolor y angustia; desequilibran nuestro espíritu y nos dejan en un estado de desesperanza y derrota ante su formidable poder. Esto se agrava cuando nos damos cuenta de nuestra debilidad e indefensión frente a su poder y maldad. De eso nos habla precisamente la segunda mirada.

Segunda mirada: Mirada deprimida, derrotista y defraudada (vss. 13-17). Ante el formidable desafío que los enemigos nos presentan, miramos hacia nosotros mismos: hacia adentro. Nosotros con nuestros problemas, necesidades y debilidades; «yo» solo frente al mundo, al demonio y la carne. Nueve veces aparece el pronombre «yo» en estos cuatro versículos. Medimos nuestras flacas fuerzas contra el poder del mal. Descubrimos que nuestras fuerzas son escasas y débiles frente a los obstáculos y tentaciones que el enemigo nos presenta. Nos abruma la maldad y su poder arrollador, que se mueve libremente en la sociedad, a nuestro derredor. Nos sentimos insuficientes y débiles para presentar batalla; y el resultado es frustración, depresión y temor. «¡Pobre de mí!». Muchos perecen en este torbellino. Se les derrumba el alma y se entregan; o caen en el vaivén del fracaso y la parálisis paseando la mirada angustiada de «ellos» (los enemigos) a su propio «yo» (la víctima). Es la situación en que se hallaba el pueblo hebreo ante los desafíos y amenazas del filisteo Goliat, que salía mañana y tarde a desafiar a los israelitas. Saúl y todos los israelitas se consternaron y tuvieron mucho miedo (véase todo el pasaje en 1 Samuel capítulo 17). Goliat personifica a la gente de los versículos 3-12. Lavó el cerebro a los hombres de Israel, infundiéndoles la sensación de impotencia ante sus amenazas y aparente poder. Podríamos decir lo mismo de los exploradores enviados por Moisés a la tierra de Canaán. Todos, con excepción de Josué y Caleb, regresaron desanimados ante el poder de sus habitantes y ciudades fortificadas. Se veían a sí mismos como langostas o escarabajos. (Véase todo el pasaje en Números, capítulo 13).

Podemos vernos de la misma manera frente a las amenazas del enemigo, las tentaciones y el pecado. Es cuando necesitamos pasar a la tercera mirada.

Tercera mirada: Mirada descubridora (vss. 18-20).
Nos damos cuenta de que no estamos solos; descubrimos a Dios y su formidable poder. La primera y segunda miradas son negativas: describen a los malvados, a los enemigos a los que luchan contra nosotros y nos descubren a nosotros mismos en nuestra debilidad e indefensión. El resultado, como ocurre con frecuencia, es el desánimo, la huída y la derrota. Pero la tercera mirada de los versículos 18-20 nos hace levantar la cabeza. Despega nuestros ojos del mundo de enemigos, pruebas y tentaciones que nos rodea y de nuestro propio débil «yo» para descubrir el «Tú» maravilloso del Dios infinito y poderoso. Todos los pronombres están en segunda o tercera persona singular y representan a Dios:

> *Cuando traté de comprender todo esto,*
> *me resultó una carga insoportable,*
> *hasta que entré en el santuario de Dios;*
> *allí comprendí cuál será el destino de los malvados:*
> *En verdad, los has puesto en terreno resbaladizo,*
> *Y los empujas a su propia destrucción.*
> *¡En un instante serán destruidos,*
> *totalmente consumidos por el terror!*

Ante este descubrimiento, despertamos del sueño, renacen los ánimos, se alienta la esperanza:

> *Como quien despierta de un sueño, así, Señor, cuando tú te levantes, desecharás su falsa apariencia.*

Esta mirada descubridora es la mirada de fe y de esperanza que nos pone boca arriba para asegurarnos de que Dios todavía está en su trono. Domina y dirige el universo con su sabiduría y poder. Él y Cristo son dueños de la historia, del presente y el futuro; y su voluntad y designios se van a cumplir inexorablemente. Es la escena del triunfo, después de la prueba de la humillación y muerte que nos representa la carta a los Filipenses en su capítulo dos.

> *Por eso Dios lo exaltó hasta lo sumo y le otorgó el nombre que está sobre todo nombre, para que ante el nombre de Jesús se doble toda rodilla en el cielo y en la tierra y debajo de la tierra, y toda lengua confiese que Jesucristo es el Señor, para gloria de Dios Padre* (Filipenses 2:9-11).

La mirada angustiada es sustituida por la mirada profunda de fe, consuelo y seguridad. El mundo, el mismo Enemigo con sus invectivas, amenazas y tentaciones, se ven en una perspectiva diferente. Cede la angustia y la tensión. Con David, frente a la fuerza formidable y poder amenazante de Goliat, descubrimos el poder infinitamente mayor de Dios. Es cuando, llenos de fe y esperanza, reafirmamos nuestra fe y confianza en el «Tú» formidable, que representa a Dios; en el «Él» de infinito poder, que es nuestro Dios y nuestro Cristo; y podemos afirmar con David:

> *El Señor, que me libró de las garras del león y del oso, también me librará del poder de este filisteo* (1 Samuel 17:37).

Un descubrimiento semejante hicieron Caleb y Josué, quienes animaron al pueblo de Dios a conquistar la tierra prometida a pesar del desánimo y temor del resto de los exploradores que fueron con ellos a Canaán y se aterrorizaron de sus habitantes, que, según ellos decían, «son más fuertes que nosotros,… enormes. Comparados con ellos, parecemos langostas…» (Números 13:32). Solo los que descubren a Dios y su poder, a Cristo y la fortaleza de su gracia, llegan a la mirada final, la mirada del triunfo, la mirada de la victoria: la cuarta mirada.

Cuarta mirada: Mirada alegre, segura, complacida. «Él y nosotros», «Tú, Señor, y yo» (vss. 21-28). Es el maravilloso descubrimiento de que en nuestras luchas, pruebas y tentaciones no estamos solos:

> *Pero yo siempre estoy contigo, pues tú me sostienes de la mano derecha.*
> *Me guías con tu consejo y más tarde me acogerás en gloria (vss.23-24).*

Es la sensación de paz y seguridad que da la fe. Es la confianza que infunde la presencia divina en nuestro diario vivir. No estamos solos en nuestras luchas. Él nos acompaña. Aquí los pronombres «yo» y «tú», «Él» y «nosotros» se unen y comparten la acción para traernos nuevas seguridades. Podemos contar con nuestro Dios. Y no un Dios cualquiera. Es el Dios que domina cielos y tierra:

> *¿A quién tengo en el cielo sino a ti?*
> *Si estoy contigo, ya nada quiero en la tierra.*
> *Podrán desfallecer mi cuerpo y mi espíritu, pero Dios fortalece mi corazón; él es mi herencia eterna (vss 25-26).*

Jesús se hace eco de esta seguridad que da su presencia y asistencia garantizada a los suyos en cualquier circunstancia:

> *Y les aseguro que estaré con ustedes siempre,*
> *hasta el fin del mundo (Mateo 28:20).*

CONCLUSIÓN

El desenlace final es de triunfo, de absoluta confianza:

Podrán desfallecer mi cuerpo y mi espíritu,
Pero Dios fortalece mi corazón;
él es mi herencia eterna.

Y de seria advertencia:

Perecerán los que se alejen de ti;

tú destruyes a los que te son infieles.

Pero de renovado propósito:

Para mí el bien es estar cerca de Dios.
He hecho del Señor Soberano mi refugio
Para contar todas sus obras. (Salmo 73: 26-28)

BIBLIOGRAFÍA

Abadía, Tosaus, Pedro, José. *El octógono sagrado, breve introducción a la Biblia en cuatro lecciones.* Navarra: Editorial Verbo Divino, 2005.

Ancilli, Ermanno. *Diccionario de espiritualidad, tomos primero y segundo.* Barcelona: Editorial Herder, 1987.

Balthasar, Von, Urs, Hans. *¿Nos conoce Jesús? ¿Lo conocemos?* Barcelona: Editorial Herder, 1982.

Bellet, Mauricio, Domingo Bertrand y otros. *La autoridad, dificultades y problemas.* Zalla (Vizcaya): Ediciones Paulinas, 1970.

Boros, Ladislaus. *Decisión liberadora, Los ejercicios de san Ignacio, en su dimensión actual.* Barcelona: Editorial Herder, 1979.

Burucoa, Marie, Jean. *El camino benedictino, Saborear la bondad de Dios.* Navarra: Editorial Verbo Divino, 1981.

Capanaga, Victorino. *Obras de San Agustín.* Quinta Edición. Madrid: Biblioteca de Autores Cristianos, 1970.

Descalzo, Martín, Luís, José. *Razones para la alegría, cristianos ¿qué habéis hecho del gozo que os dieron hace dos mil años?*, Séptima Edición. Madrid: Sociedad de Educación de Atenas, 1988.

Documentos Completos del Vaticano II. Bilbao: Ediciones Mensajero, 1965.

Foulquie, Paul. *Diccionario del lenguaje filosófico.* Barcelona: Editorial Labor, 1967.

Galilea, Segundo. *La inserción en la vida de Jesús y en la misión.* Bogotá: Ediciones Paulinas, 1991.

Garrido, Javier. *Una espiritualidad para hoy*, Tercera Edición. Madrid: Ediciones Paulinas, 1988.

Hagg, Herbert. *El Diablo, su existencia como problema.* Barcelona: Editorial Herder, 1978.

Teresa de Jesús. *Camino de perfección, para lectura y reflexión en grupo,* Tercera Edición. Burgos: Editorial Monte Carlo, 1998.

Littleton, Mark. *Jesus, Everything You Need to Know to Fgure Him Out.* Louisville: Westminister, John Knox Press, 2001.

Loidi, Urtega, Jesús. *Los Defectos de los santos,* Tercera Edicion. Madrid: Ediciones Rialp, 1978.

Maciel, Carlos, Raúl Lugo. *Las trampas del poder, Reflexiones sobre el poder en la Biblia.* México D.F.: Ediciones Dabar, 1994.

Marín, Royo Antonio. *Los grandes maestros de la vida espiritual, historia de la espiritualidad cristiana.* Madrid: La Editorial Católica, 1973.

— *Teología de la perfección cristiana.* Madrid: Biblioteca de Autores Cristianos, 1994.

Martini, Carlos María. *David, pecador y creyente.* Santander: Editorial Sal Terrae, 1989.

— *Effatá "ábrete".* Santa Fe de Bogotá: Ediciones Paulinas, 1993.

— *La Radicalidad de la fe, Los obstáculos que encuentran la fe y el ministerio,* Segunda Edición. Navarra: Editorial verbo Divino, 1993.

Martini, Carlos María. *Pueblo mío, sal de Egipto, el camino del pastor en su pueblo.* Santander: Editorial Sal Terrae, 2003.

Maxwell, John C. *Liderazgo Eficaz, Cómo influir en los demás.* Miami: Editorial Vida, 2002.

Merton, Thomas. *El hombre nuevo.* Buenos Aires: Editorial Lumen, 1998.

Mobley, Gregory. *The Empty Men, the Heroic Tradition of Ancient Israel.* New York: The Anchor Reference Library, 2005.

Obras completas de San Agustín, tomo XVI, La ciudad de Dios. Madrid: Biblioteca de Autores Cristianos, 1988.

Obras de San Gregorio Magno. Madrid: Biblioteca de Autores Cristianos, 1958.

Quasten, Johannes, Prof. *Patrología II, la edad de oro de la literatura patrística griega.* Madrid: Biblioteca de Autores Cristianos, 1962.

Schillbeeckx, Edward. *Dios, Futuro del hombre,* Tercera Edición Salamanca: Ediciones Sígueme, 1971.

Schrage, Wolfgang. *Ética del Nuevo Testamento.* Salamanca: Ediciones Sígueme, 1987.

De Sobrino, José A. *Así fue Jesús, vida informativa del Señor.* Madrid: Biblioteca de Autores Cristianos, 1984.

Vila, Samuel. *Enciclopedia de citas morales y religiosas.* Tarrasa: Clie, 1976.

Nos agradaría recibir noticias suyas.
Por favor, envíe sus comentarios sobre este libro
a la dirección que aparece a continuación.
Muchas gracias.

ZONDERVAN

Editorial Vida
7500 NW 25 Street, Suite 239
Miami, Florida 33122

Vida@zondervan.com
www.editorialvida.com